中国文化经纬

利玛窦与徐光启

孙尚扬 著

中国书籍出版社
China Book Press

图书在版编目（CIP）数据

利玛窦与徐光启 / 孙尚扬著. —北京：中国书籍出版社，2014.5
ISBN 978-7-5068-4117-7

Ⅰ. ①利… Ⅱ. ①孙… Ⅲ. ①利玛窦（1552～1610）—人物研究 ②徐光启（1562～1633）—人物研究 Ⅳ. ①B979.2②K826.1

中国版本图书馆 CIP 数据核字（2014）第 062255 号

利玛窦与徐光启

孙尚扬 著

责任编辑	李国永
责任印制	孙马飞　马　芝
出版发行	中国书籍出版社
地　　址	北京市丰台区三路居路 97 号（邮编：100073）
电　　话	（010）52257143（总编室）　　（010）52257140（发行部）
电子邮箱	chinabp@vip.sina.com
经　　销	全国新华书店
印　　刷	三河市华东印刷有限公司
开　　本	635 毫米×970 毫米　1/16
字　　数	208 千字
印　　张	13.25
版　　次	2015 年 12 月第 1 版　2019 年 5 月第 2 次印刷
书　　号	ISBN 978-7-5068-4117-7
定　　价	48.00 元

版权所有　翻印必究

《中国文化经纬》系列丛书
编委会

顾问 汤一介 杨辛 李学勤 庞朴
　　　 王尧 余敦康 孙长江 乐黛云

主编 王守常

编委（按姓氏笔画为序）

　　　 王平 王小甫 王守常 邓小楠
　　　 乐黛云 江力 刘东 许抗生
　　　 朱良志 孙尚扬 李中华 陈平原
　　　 陈来 林梅村 徐天进 魏常海

总　序

二十世纪三十年代，陈寅恪先生在冯友兰《中国哲学史》下册的《审查报告》中说："窃疑中国自今日以后，即使能忠实输入北美或东欧之思想，其结局当亦等于玄奘唯识之学，在吾国思想史上既不能居最高之地位，且亦终归于歇绝者。其真能于思想上自成系统，有所创获者，必须一方面吸收输入外来之学说，一方面不忘本来民族之地位。此二种相反而适相成之态度，乃道教之真精神，新儒家之旧途径，而二千年吾民族与他民族思想接触史之所昭示者也。"今天读陈先生的话，感慨良多。先生所言之义：佛教传入中国，其教义与中国思想观念制度无一不相冲突。然印度佛教在近千年的传播过程中不断调适，亦经国人改造接受，终成中国之佛教。这足以告知我们外来思想与中国本土思想能够融合、始相反终相成之原因，在于"必须一方面吸收输入外来之学说，一方面不忘本来民族之地位"。这就是我们经常讲的,当下中国文化必须"返本开新"。如有其例外者,则是"忠实输入不改本来面目者,若玄奘唯识之学,虽震荡一时之人心,而卒归于消沈歇绝"。

我以为近代中国落后于西方,不应简单视为文化落后,而是二千多年的农业文明在十八世纪已经无法比肩欧洲工业文明之生产效率与市场资源的合理配置,由此社会政治、国家管理制度也纰漏丛生。由是而观当下之中国,体制改革刻不容缓,而从五四时代以来的文化批判也需深刻反思。启蒙运动对传统文化的批评固然有时代需求,未经理性拷问的传统文化无法随时代而重生。但"五四运动"的先贤们也犯了"理性科学的傲慢",他们认为旧的都是糟粕,新的都是精华,以二元对立的思考将传统与现代对峙而观,无视传统文化在代际之间促成了代与代的连续性与同一性,从而形成了一个社会再创造自己的文化基因。美国学者席尔思写了一部书《论传统》,他说:传统是围绕人类的不同活动领域而形成的代代相传的行为方式,是一种对社会行为具有规范作用和道德感召力的文化力量,同时也是人类在历史长河中的创造性想象的沉淀。因而一个社会不可能完全排除其传统，不可能一切从头开始或完全取而代之以新的传统，而只能在旧传统的基础上对其进行创造性的改造。此言至矣！传统与现代不应仅在时间序列上划分，在文化传承上可理解为"传统"是江河之源，而"现代"则是江河之流。"现代"对"传统"的理性诠释，使"传统"在"现代"得以重生。由此，以"同情的敬意"理解自己民族的文化传统是当下中国的应有之义，任何历史文化的虚无主义都要彻底摒弃。从"五四"先行者到今天的一些名士，他们对传统文化进行激烈批判，却也无法摆脱传统文化对自己的思维方式和价值观念的影响。这样的事实岂可漠视。

这套《中国文化经纬》丛书是在1993年刊行的《神州文化集成》丛书的基础上重新选目、修订而成。自那时到今天，持续多年的"文化热"、"国学热"，昭示着国人对自己民族文化的认同还处在进行时。文化决定了一个民族的性格，民族性格决定了一个民族的命运。中国文化书院成立至今已有30年了，书院同仁矢志不移地秉承着"让世界文化走进中国，让中国文化走向世界"之宗旨，不负时代的责任与担当。

此次与中国书籍出版社合作出版这套丛书，期盼能在民族文化的自觉、自信、自强上有新的贡献。

王守常

2014 年 12 月 8 日

于北京大学治贝子园

目　录

总　序……………………………………………………… 1

一、天路历程………………………………………………… 1
　（一）裂开的岩石…………………………………… 1
　（二）"精神狩猎"…………………………………… 5
　（三）嘤鸣求友……………………………………… 15
　（四）在禁律面前…………………………………… 21
　（五）沉默的"福音"………………………………… 27
　（六）另一种福音…………………………………… 33

二、耶教如是说……………………………………………… 42
　（一）"拨云雾见青天"……………………………… 42
　（二）"今不如古"…………………………………… 49
　（三）天主即"上帝"………………………………… 54
　（四）"人魂不灭"…………………………………… 59
　（五）"人性之善不可疑"…………………………… 68
　（六）"太极不能为万物本原"……………………… 77

（七）"万物不可为一体" …………………… 86
　（八）三教合一——"折断天下之心于三道" …………… 92
　（九）"吾尝笑且惜彼经国之士" …………………… 96
　（十）"人有三父" …………………………………… 99

三、行者的足迹 ……………………………………… 106
　（一）矫挚英迈一少年 …………………………… 106
　（二）科举"烂路"上的爬行者 …………………… 111
　（三）在中西文明的交汇点上 …………………… 117
　（四）需要与合作 ………………………………… 123
　（五）"郁郁不能有所建白"的政治生涯 ………… 130

四、儒生如是说 ……………………………………… 137
　（一）"启生平善疑" ……………………………… 137
　（二）"人生最急事" ……………………………… 143
　（三）"其教必可以补儒易佛" …………………… 151
　（四）"释然而后失笑" …………………………… 158
　（五）"会通以求超胜" …………………………… 168

五、荒原疾行 ………………………………………… 174
　（一）魂萦梦牵的科学蓝图 ……………………… 174
　（二）强国梦的幻灭——练兵与救亡 …………… 179
　（三）永恒的回响——呼唤开放 ………………… 185

跋 ……………………………………………………… 195

出版后记 ……………………………………………… 196

一、天路历程

（一）裂开的岩石

虽然明代曾有过郑和七下西洋的航海壮举，但对狂热的基督徒们来说，没有"享受"基督福音的明帝国，仍是一块冥顽不化、拒不开放的顽石。嘉靖三十一年，负有宗教钦使特权的传教士沙勿略(B.Franciscus Xaverius)，登上了广东海外的上川岛，试图由此进入中国内陆，从而以基督教归化中国，并进而归化整个东亚儒家文化圈，但明帝国的海禁使他只能望洋兴叹。在紧张的谋划和焦灼的等待中，身心交瘁的沙勿略猝死于同年年底。弥留之际，这位绝望的传教士曾对着中国大陆喊道："岩石岩石，你何时才能裂开？！"

在沙勿略发出最后呼唤的前两月，意大利中部偏东的小城马切拉塔的望族利启(Ricci)家中，迎来了一名新生婴儿，

取名马特奥 (Matteo)。命运之神将这名婴儿的生与沙勿略的死巧合地联系在一起，并在微笑中赐予他以沙勿略未能得到的幸运——钻入"裂开的岩石"，并从事一番艰苦的劳作。

沙勿略死前曾向欧洲人发回一系列报道，他告诫人们，要想以基督福音归化日本、交趾，必须首先归化当时作为东亚文化中心的明帝国。日本人对儒家文化的不疑态度，使他坚定了这一信念。沙勿略的报道及其进入中国的梦想，极大地影响了欧洲天主教耶稣会。此后，耶稣会士们开始将其"精神狩猎"的目标，转向"文明鼎盛"而又神秘莫测的中国。

耶稣会是由西班牙人洛耀拉·依拉爵于十六世纪中期创立的，反对宗教改革的狂热激情是该会的特色。他们的口号是"以护教为中心、崇教为念"，组织"地不分遐迩，人不论文蛮"的"万里长征"，旨在为受到宗教改革运动冲击的天主教寻求新的信徒，并为欧洲的扩张服务。耶稣会的另一特色是注重选拔人才，重视对神职人员和传教士的教育。哲学家罗素认为耶稣会学校的教育是当时欧洲无可他求的最好教育。

利玛窦 (Matteo Ricci) 天资聪颖，在早年教育中练就了过目不忘的学习本领，九岁时进入耶稣会在马切拉塔创办的学校，成为颇受器重的优等生。十六岁，他父亲送他到罗马进

一、天路历程

大学攻读法律，望子成龙的父亲希望利玛窦能踏上仕宦之途，扬名显祖。但年轻的利玛窦却颇受罗马神秘的宗教生活气息之感染，传闻中的沙勿略的"圣徒"事迹更唤起他对传教士们探险生活的向往，无穷的激情使得这位年轻人背弃了乃父之初衷，他扔下枯燥无味的法律条文，叩响了罗马耶稣会总院的大门，并顺利进入耶稣会的罗马学院，开始了其耶稣会士的生活。在他看来，尘世富贵的诱惑，远不及"上帝"在天国对"圣徒"的召唤。在罗马学院，利玛窦一面接受严格的神学教育，同时还吸收古典科学知识，他曾师从当时著名的数学家克拉委奥(Cristoforo Clavio)，听受几何学。多年后，当他以这些科学知识吸引中国士大夫时，利玛窦常常感激地提到这位数学家，并称之为丁先生。有证据表明，利玛窦在罗马学院时还曾涉猎过当时的人文主义思想的书籍，在《交友论》中，利氏就曾引征过著名人文主义者爱拉斯谟的格言。或许正是由于当时人文主义思想氛围的感染，利玛窦在日后的工作中能采取实际并带有宽容特色的态度，较为冷静地对待被视作"异教"的中国文化。

终日被宗教和探险激情鼓舞的利玛窦，终于得到机会将其梦想变成现实。一五七七年，受"保教者"葡萄牙国王之请，罗马耶稣会总长决定选拔一批传教士送往远东。二十五岁的利玛窦随同罗明坚（P. Michael Ruggieri）等人于次年从里斯本出发，航波梯浪，开始了其向往已久的"万里长征"。这些"波涛间的使者"，历尽艰辛，绕道非洲南端，经过半年的航行，到达印度果阿——葡萄牙在远东的殖民地基地。资历甚浅的利玛窦，仍然奉命在果阿修道院进修神学。五年之后，也就是一五八二年，他奉远东教务视察专员之命，抵达澳门。其使命是学习中文，抓住一切机会，完成沙勿略未竟的事业。但饱受倭寇骚扰之苦并且担心殖民者入侵为患的明帝国依然实施严厉的海禁政策，传教士们要想钻入这块未曾裂开的巨大"岩石"，绝非易事。

"岩石"是被凿开的，它毕竟不是无孔不入的。先期到达澳门的罗明坚使尽浑身解数，以西洋奇货贿赂广东地方官员，从而得到进入内地的机会。万历十一年，罗明坚引利玛窦入广东，得以在肇庆定居。

"岩石"裂开了。展现在利玛窦等人面前的是花园一般美丽而宁和的文明帝国。传教士们为"岩石"的裂开而欣喜若狂，更为规划中国的前景而充满热情和信心。但对传教士们来说，在将中国引向上帝怀抱的路上，并未撒满红罂粟，而是充满荆棘，有时甚至是无路可走。对古老的中央帝国来说，几个隆鼻洋人入华虽只是开了扇小小的窗户，但自此以后，上帝的使者与孔圣的贤孙之间将不得不展开对话。中西宗教、科学、哲学之间的实质性交流和冲突自此拉开了序幕。

（二）"精神狩猎"

那些经过古老的丝绸之路或航波梯浪由海路来到中国的异域商人，无一不以牟取暴利为其基本目的，而利玛窦等传教士来华的根本目的则是从事以基督教赚取中国的"精神狩猎"。虽然偶尔会有外来的干预，或有时因策略上的原因而不得不有所偏离，但利玛窦在中国将近三十年的时间里，未尝须臾忘记这一根本目的。或者说，他在中国的一切活动都是以归化中国为中心的。西方人对他的其他希望，往往只是他活动背后的幕景，或隐或现。

利玛窦初来中国时，曾以花园来形容明帝国的美丽宁和，但这并不意味着明帝国像积贫积弱的近代中国一样，可以让猎手们耀武扬威，任意驰骋田猎。恰好相反，当时的明帝国虽然如吕坤所言一样，"国势如溃瓜，手一动而流液满地矣"[①]，但它还有足够的力量维持半个多世纪的专制统治。单是利玛窦所见到的南京市民欢度元宵节时大放烟火，"在

---

① 吕知畏编刻《去伪斋集》卷五《答孙月峰》，吕坤撰此信时，利玛窦在南昌。

一个月中用去的硝磺,要比在欧洲连续作战三年用的还要多"①,还有北京的城墙之宽可容三辆马车并驰,就使利玛窦认为欧洲"强大的舰队",对中国来说是不能使用的。他后来甚至自觉反对在菲律宾涂炭生灵的西班牙人试图以武力征服中国的尝试。

长期的相对封闭状态,使中央帝国的臣民们养成了对外来事物包括外国人既好奇又惧怕的心理。至于那些使中国的社会结构得以维系的正统士大夫,则喜好从各方面夸大洋人洋教对社会稳定及圣学道脉的威胁。这就注定了以利玛窦为代表的传教士在中国的"精神狩猎",决不是猎苑中的悠闲消遣,而是在希望和绝望之间的挣扎和苦斗。经常地,传教士们感到自己像被熟睡的上帝弃于荒野的孤儿一样无助,他们只能在旷野上呼告,在荆棘中奔突。从肇庆到南昌,再从南京到北京,利玛窦走过的正是这样一条适者生存的坎坷之途。

当利玛窦和罗明坚最初试图获得在肇庆的定居权时,他们得知,明代法律规定:只有在职的公使、伴随公使而来的商人,或仰慕中国文化、政治而来的外国人,才有可能得到

---

① 裴化行《利玛窦司铎和当代中国社会》,第一册,一二九页。

一、天路历程

进入内地和留居的权利。自诩为文明中心的中央帝国，还不知道什么是平等的近代外交和贸易，更未曾平等接待过白肤隆鼻的西洋人。如果利玛窦等人声称来华的目的是以洋教取代孔圣的教化，帝国的官吏们将会予以当头棒喝，令其即刻打道回府。他们于是隐瞒来华的根本目的，而以仰慕中国文化，并答应做万历皇帝的顺民，方得以在肇庆建屋定居。当这些上帝的使者们在新建的教堂中忙于收获——以福音归化平民百姓时，新上任的广东巡抚刘节斋却为给自己建生祠而觊觎传教士们的教堂。巡抚的一纸命令使利玛窦从希望的巅峰跌入绝望的低谷：在得到少量经济赔偿后，限期离开肇庆回澳门。利玛窦知道，如果他接受经济赔偿，那将意味着他要永远失去苦心经营的肇庆传教所。于是，他严词坚拒，但又惶惶然如丧家之犬，启程回澳门。滑稽的是，归途中的传教士却被反复无常的巡抚大人召回，原因一说是他一心拜佛的夫人做了个怪梦；一说是巡抚本人良心发现。总之，这些因素促使利玛窦被召回肇庆，跪在巡抚大人的面前，并得到新的赏赐：转赴广东辖内的韶州。利玛窦等人虽然失去了惨淡经营初具规模的肇庆传教所，仍满怀新的希望踏上了奔赴韶州的"征途"。时为一五八九年八月十五日圣母升天节。

在韶州，利玛窦虽然得到了官府的护持和中国友人的帮助,得以新建传教所,并使几个中国人受洗入教,一切似乎都得到命运之神的佑护,但灾难还是无情地降临了。先是在当年阴历新年,憎恨洋教洋人的平民百姓以石头掷击传教士,似乎这是最好的新年礼物。其后,一五九三年,炎热的七月烤沸了一群年轻人的热血,他们十余人结成帮伙,在一个深夜闯入教堂,用斧子砍伤了入华不久的传教士石方西的头。"上帝的使者们"终于抵挡不住尘世的长矛大刀,情急之中,利玛窦从一扇窗户跳进小花园,在那里呼喊求救。打劫者虽被吓散了,但他的脚却被扭伤了。从此以后,只要他走远路,就会一拐一瘸,疼痛难忍。利氏的肉体遭遇,似乎成了传教士们在以基督精神征服中国的道路上命运的象征:在儒学统治的中国,从事"精神狩猎"的传教士们注定只能驽足蹇步。

接下来的,是使利玛窦如坐针毡的教民之间的官司。知府在利氏报案后,通过逼供查出打劫者乃系韶州赌徒,于是严加惩处,判处为首者死刑,同伙全被判刑三年。这一判决大出利玛窦意料之外,他知道,若按此执行,韶州居民将会以敌意淹没传教士。惊吓之下,他又去官府为凶手们求情免刑,但知府似乎偏要显示他的铁面无私,执意着令送打劫者至肇庆按察司衙门,按察司也不听受利氏的求情,维持原判。幸好,广东都察御使巡按州县经过韶州,利玛窦再次详述全案情节,做证赌徒们并未抢走任何东西,这才避免了人头落地的结局。近代教案中,常有些中国教徒借洋人之威残害同胞,更有传教士借其靠山肆意侵占中国民众财产,甚至夺民性命。与此相比,利玛窦的态度可谓明智之举了。即便利氏如此适可而止,但那些只挨了二十大板便了结案情的赌徒及其家属们,对他仍不依不饶。他们在都察御史启程离开韶州时,演出了一场成队跪呈状子,控诉传教士扰乱地方治安的闹剧。都察御史却以递呈状子迟于他刚到韶州之时为理由,拒不受理,并喝令驱散众人。中国历史上的第一场教民官司,这才了结,但双方都不同程度地丢了面子。

到此为止,利玛窦等传教士在官吏和少数上层士大夫那里得到的似乎主要还是好奇、同情乃至庇护;而在普通民众中,除为数不多的人受洗入教外,大多数人对传教士的反应则是好奇、猜忌和由纠纷导致的敌意。因为在明末,少数几个洋人入华诚如平静水面上掷来一块小石,官吏们可尽情地在岸边或船上观赏由小石泛起的涟漪,而民众的心理承受力只不过受到水上涟漪的轻微冲击罢了。他们不像官僚们那样,可以享用传教士们携来的西洋奇物,如三棱镜、时钟等,相反,他们只觉得村中的教堂和走街串巷的传教士,扰乱了他们千百年来习以为常的单一种族的尊严和令人酣醉的宁静。

看来，这种文化上的差异，一旦导致官民一致，传教士们得到的不是令其神往的"丰收"，便是灭顶之灾。

利玛窦早就打定主意：进入中国朝廷。如果能使中国皇帝皈依基督，那就不愁"中华归主"了。为此，他一直梦想进入北京，韶州的遭遇更使他坚定了这一信念。一五九五年，希望之光在天边闪现。是年五月，已退休的兵部侍郎石星受命去北京复职，因丰臣秀吉发动的侵朝战争需要他领兵参战。石星进京时经过韶州，他早已听说过西来奇人利玛窦有惊人的记忆力，于是便想象他有别的异术，也许能治好他那患有精神抑郁症的儿子，于是令召利玛窦。利氏不失时机地对他说，治好他儿子的病需要时间，他本人愿陪石星北上，帮助他儿子治病。而兵部侍郎却只愿带利氏到江西省会南昌。最后，一只玻璃棱镜延伸了利玛窦的口舌能力：兵部侍郎答应带他去南京。赴北京的希望之光刚一闪现，便随即熄灭。

南京的遭遇，更令利玛窦沮丧。古城金陵并没有以鲜花迎接他，等待他的是驱逐令。原因很简单，战争期间南京不宜接待外国人。利玛窦只得拿着兵部侍郎发给他的护照折回南昌。据这位虔诚的传教士写道，当他在途中因心身交瘁而入睡时，他做了个梦。梦中上帝答应他，将在两座皇都（指南北两京）向他启祥。看来这位狩猎者在一无所获时，也只

一、天路历程

能靠美梦来支撑他的精神和意志了。

利玛窦从南京逆江而上，前往南昌故郡。在这座文化古都，他自然无心登临滕王阁，而只是渴求得到居住权和传教所。这里的士大夫和王室成员似乎都因好奇而对他敞开了友好的大门。巡抚陆万垓因听说利玛窦是石星的友人，为了满足自己的好奇心便派人查找利玛窦的下落。那位当初收留了利氏的房主听说此事后，吓得当即将利玛窦扫地出门，以免连累自己。而陆氏召见利玛窦时的友好态度却大出利氏意外，在惊喜之后，他赶紧以讨好的语气道出机关：希望留在南昌，"参承教化"。巡抚大人却将责任推给知府大人王佐，而王佐自然不会轻易发放护照。利玛窦于是向巡抚大人献上一本介绍西方记忆训练方法的《西国记法》，还送上一只夜钟、一副星盘。西方奇器使利氏再次获益：他被口头允许留居南昌。时值一五九五年炎热的六月。

南昌的宁静并未平息利玛窦谋图进入北京的激情。一五九八年六月，利玛窦高攀上吏部尚书王忠铭，后者经南昌赴京为皇帝祝寿，利氏以向皇帝献礼为由要求与尚书大人同行。他向皇帝的献礼包括：一幅《山海舆地全图》，一座八音琴，还有自鸣钟、十字架像等。王氏见后大加赞赏。当然，利氏执意送给尚书大人的时钟更令他高兴，而且更难让他拒绝利氏的要求。利玛窦于是借着尚书大人这一保护伞,纳凉北上。

然而,这次北京之行仍然失败了。那位尚书大人虽因受厚礼而向他所熟识的太监转达了利玛窦等人的申请,但这也正是整个计划流产的原因:太监似乎总是成事不足、败事有余的。虽然太监非常喜欢传教士们携来的西洋奇器,但当他得知利玛窦竟不能像传说中的那样将水银变成真银后,便对利玛窦等人撒手不管了。乘兴而来的利玛窦,只得在三里河一带望着皇城兴叹。此次北京之行的唯一收获是:利玛窦证实了大契丹即中国,传说中的大城汗拔里即北京。但这一地理学上的收获,难以抵消利玛窦的绝望,他只能满怀新希望地自叹道:"福音的光辉照亮北京城的时刻还未到来。"①不过,利玛窦再次玩起故伎:进两步退一步,就像前次想去南京不成却到了南昌一样,他决定退回南京而不是南昌。一五九九年二月六日,利玛窦到达南京,住进了市中心的承恩寺。不久之后,他从一位贵官那里买来一座据说常闹鬼的官邸,改为教堂。利玛窦此次受到南京要人的礼遇,在南京广为交游,与佛僧论道,与学者谈数学,还收受了一些信徒,可谓吉星

---

① 《利玛窦中国札记》,中华书局一九九〇年第二版,三三五页。

一、天路历程

高照，一切顺利。其根本原因不是上帝在南京向他呈祥，而是因为日本侵朝失败，那些但求无过的官员再也用不着为接待洋人而担心丢掉乌纱帽了。但利玛窦永远不会知道，他在南京的顺境，传教工作在南京的进展，同时却为日后传教团准备了葬身之由。那便是在他死后六年的"南京教案"。

利玛窦曾在南京陈列准备进献给皇帝的礼品，这便使利氏进贡之说广为流传。利玛窦趁热打铁，再次着手北上。一六〇〇年五月十八日，利玛窦打点好贡品，带着传教士庞迪我和两位修士，搭乘一名进京的太监的便船，再度踏上进京的旅途。然而，这位太监却在临清将利玛窦一行交给了税使马堂，马堂是臭名昭著的太监，性情贪婪狡猾，他雁过拔毛，自然不会轻易放走身带奇物的洋人。马堂将利氏转往天津，在那里一方面向皇帝呈上进贡请求书，等候北京方面的答复；另一方面却使利氏遭受了一次"大劫掠"[①]。最后，因迟迟得不到皇帝的答复，马堂竟将利玛窦投入天津卫的监狱，任他们去请求上帝的恩典了。

上帝并未出现，皇帝却来帮忙了。据说，荒怠的万历皇帝突然有一天心血来潮，想起那份进献奇物的奏疏中提到的

---

① 《利玛窦中国札记》，三九四页。

自鸣钟，于是一纸诏令使利玛窦得以出狱进京。利玛窦到达北京时已是一六〇一年一月二十四日。

皇帝对西洋奇物的反应是惊喜交加。他迷上了那座自鸣钟。这可帮了大忙，因为利玛窦等人几经周折仍未得到礼部让他留居北京的文书，而那座常需修理的自鸣钟正好说明利玛窦等人不能离开北京。万历皇帝虽未明文准允利氏留居北京，但利玛窦等人却从他的沉默中得到非正式的准许。这样，利玛窦终于可以着手实现他那日思夜想的计划了。从此，他便利用各种手段在北京展开传教活动。他在这里拜访官员，讲授科学，以中文著书，宣讲教义，一直到他于一六一〇年死去。

然而，利玛窦的梦永远不会实现。他根本未曾见到万历皇帝，当然无法让皇帝皈依基督，更无法以此使"中华归主"。他死后五年，中国的天主教徒人数为五千人，这便是在利玛窦主持下进行"精神狩猎"的"成果"。一些具有复杂背景的人，常以此表彰利玛窦，而在笔者看来，利玛窦的价值和意义恰恰在别的地方，其中最重要的便是他在文化冲突中所采取的态度和处理方式。

（三）嘤鸣求友

在明末，一个公开宣讲基督教的普世性，并且坚执其排他性的传教士是难以在中国立足的。同样，一个选择不恰当的路径以适应中国民情的传教士，则会使其本身的特性丧失殆尽。利玛窦来华后不久，便发现他自己正是处于这样的两难困境。经过一段时间的观察和思考，他最终确立了一条较有成效的传教路线，其中之一便是争取士大夫的同情。

当罗明坚于一五八三年年初进入广东时，地方官员们视之为"番僧"，赐予他和尚服装。急欲保住留居权的罗氏毫不犹豫地穿上袈裟，并自称"西僧"。利玛窦于当年秋季到达肇庆时，也沿袭此例。因为他们初来乍到的印象是：中国社会的本土教士是佛僧，传教士们以为身着僧服，自称为僧便可以适合民情，不致引起士大夫反感。不久之后，利玛窦却发现中国官方对佛僧没有一点儿敬意，而通过科举考试进入国家统治机构的士大夫，才是最受社会尊敬的阶层。那些饱读四书五经的乡绅，在社会上也备受尊重。这促使利玛窦着手改变从罗明坚那里沿袭下来的旧例。一五九四年，利玛窦在得到上司批准后，改换儒服，并自称儒生，行秀才礼。当他于次年离开韶州时，他满心欢喜地发现自己终于摆脱了在广东所得到的令他讨厌的和尚称号，而进入了被认作是有学识的阶层了,那些害怕跟不合本国风俗的传教士交往会有失礼仪和儒雅风度的士大夫,也开始把耶稣会士们当作同侪对待了。据他说,当他熟读四书五经后,士大夫们更是钦佩他的学识和品德了,在他看来,这正是佛僧无法与之相比的。

　　穿僧服还是穿儒服的问题,实际上是接近佛僧还是接近士大夫的问题。在这一策略性问题上,利玛窦与罗明坚是有分歧的。二者都认为必须使天主教适应中国文化,但罗明坚认为正是佛教才是天主教与中国文化最有前途的结合点(就连法国当代学者谢和耐也认为天主教与佛教有太多的相似之处,以致不能有力批判佛教)。因此,罗明坚对中国官员赐予的僧服从未产生过改换念头。而利玛窦则敏锐地意识到这一问题的重要性:要想使中国皈依基督,必须最大限度地使信徒成为在这个国家的社会文化生活中居主导地位的士大夫,而不是被官员们轻视的和尚。要想达到这一目的,就不允许传教士以不太受人尊重的佛僧面貌出现。因此,利玛窦向他的上司范礼安请求换上儒服,并说服其上司召回与他有分歧、而且行动"莽撞"(利玛窦语)的罗明坚。由此可见,在文化移植问题上,利玛窦的选择是以敏悟和洞察为基础的。在一般文化理论意义上,这种选择具有当代文化功能学派的特征。

一、天路历程

穿上儒服后的利玛窦尽力多与有影响的士大夫结交，这便是他在传教工作中选择的上层路线。他还努力钻研儒家典籍，以便向人们表明他既是神学家，也是儒者，以此增加士大夫对他宣讲教义的认同感。其结果是："显贵和官吏多喜欢和我们往来而不太容易和僧人交往，中国其他各地方莫不如此。自我开始自称儒家以后，现在很少人再以僧人看待我们了。"①

"嘤其鸣矣，求其友声"，在士大夫中尽可能多地寻求声同气和的教友成为利玛窦孜孜以求的目标。然而，心存异志的利玛窦要想得到完全志同道合的中国友人却绝非易事。

利玛窦的第一个较稳定而且有一定身份的友人是瞿太素。瞿氏是礼部尚书瞿景淳的儿子，他资质聪明，幼读群书，但不求功名。其父死后，他更沦为败家子（利玛窦语），将继承的大量遗产投入了以水银炼真银的熔炉。随后，便携妻带子周游各省，靠其父之友人的施舍生活。曾访刘节斋遭冷遇，至韶州以师徒大礼拜访利玛窦。他初来的动机仍是求炼金术，但据利玛窦称，他并不泄露这一秘密，却潜心师从利氏学习数学、天算，并花了大量功夫了解基督教义。在《利玛窦中

---

① 《利玛窦全集》册四，三六五页。

国札记》中，利玛窦称这位破落公子在学习方面是位天才。利玛窦在《札记》中经常提到瞿太素，是因为这位放荡不羁的公子以他的学识和其父亲的地位及影响，四处揄扬利玛窦的人品和学识，并且经常将利玛窦引入不同的士大夫圈子，使利氏在上流社会中名闻遐迩。他甚至将利氏在韶州的传教所置于自己名下，以便使之得到安全庇护；还经常为利玛窦献计献策，包括帮他打官司。就连利玛窦改换儒服也是他出的主意。这位居无定所的浪荡公子，最终以皈依基督作为他的归宿。瞿氏并不是严格意义上的士大夫，但在利玛窦看来，像他这样有地位、有影响的知识分子的作用，甚是重大。第一，他可为传教士在中国的活动寻求到官方的支持（利氏称之为后台），因而，可以减少其活动的阻碍。第二，中国知识分子在乡土中国的道德、宗教生活中，示范作用极大。争取其中一名入教，便可影响其周围的平民，"一名知识分子的皈依较许多一般教友更有价值"。① 由此可见，利玛窦在争取天主教徒的策略上选择的是"宁缺勿滥"的上层路线。

虽然利玛窦以这一路线在中国进行"精神狩猎"时遇到重重困难，但这些困难主要来自平民及其他非士大夫阶层，

---

① 《利玛窦全集》册四，三六五页。

一、天路历程

他选择的策略是颇有收益的。《明史·意大里亚传》言：利玛窦等进京后，因万历皇帝"嘉其远来，假馆授粲，给赐优厚。公卿以下……咸与晋接"。这些士大夫与利玛窦等传教士交游的原因及其态度各各不同，但他们给予利玛窦的友情都或多或少地促进了利玛窦的传教活动。近人陈垣曾指出：仅见于《天学初函》（李之藻编）这套丛书中的名家序跋就有数十篇，"皆当时名人推许天主教之作，若并其他各书序跋，汇而辑之，可以作天主教之弘明集"。①

一些士大夫在书信或游记中对利玛窦的介绍和描述也颇有意味。沈德符言："利玛窦，字西泰，以入贡至。因留不去。……往时予游京师，曾与卜邻，果异人也。……若以为窥伺中华，以待风尘之警，失之远矣。"② 沈氏之述，不仅传扬了利玛窦的异人之名，而且以他曾为利氏邻居的经历，试图消除人们对传教士的怀疑。这也许正是利玛窦求之不得的。不过，沈氏似乎对西来宗教并无兴趣。

与沈氏不同，李贽这位"敢倡乱道"的著名晚明思想家，对利玛窦来华的动机大惑不解："但不知到此何为，我已经

---

① 《陈垣学术论文集》第一集，中华书局，一九八〇年，二一〇页。
② 沈德符：《野获编》卷三十《大西洋》。

三度相会，毕竟不知到此何干也。意其欲以所学易吾周、孔之学，则又太愚，恐非是尔。"① 李贽的猜测表明，利玛窦隐瞒来华传教的真实意图及其合儒斥佛以争取士大夫同情的策略，收到了一定的成效。同时也说明，即便像李贽这样非圣非贤的士大夫，也并不相信天主教有取代周孔之学的可能性。也许正是出于这种自信，他们才慷慨赐予利玛窦以友情。李贽还曾在山东帮助利氏实施进京的计划，并大肆传扬利玛窦的人品和学识，誉之为"中极玲珑，外极朴实"的"极标致人"。

　　利氏与士大夫的友情甚至还深入到内阁，延续到他死后。他曾在南京赢得叶向高的友情，叶氏后来入京官至内阁首辅，利玛窦仍保持与他的友谊。在他死后，正是叶氏力主赐墓利玛窦。在北京的车公庄，今天还可以见到叶氏为利玛窦争来的那块葬身之地和墓碑。虽然叶氏曾以"天主降生其国，近于语怪"而拒绝受洗入教，但他赐给利玛窦的友情之价却是难以估量的。他甚至在一六二四年谢官归田时，还将另一传教士艾儒略引入福建传教。

　　利玛窦还从其他一些名公巨卿如李戴、邹元标、冯应京

---

① 李贽：《续焚书》，中华书局，一九七五年，三五页。

等人那里，得到了持久而且诚笃的友情。这些人出于各种原因而难以将友谊引向完全志同道合的境地，一旦达到这一境地，士子们的友情之价就更高一筹了。如徐光启、李之藻，他们既信教，又传扬西方科学和文化思想。他们发挥了上述各种作用。不仅如此，他们在利玛窦死后天主教受到排斥的困难时期，还曾起而护教，在各方面帮助那些落难的传教士。这些都是利玛窦"友于士子"的上层路线的直接后果，在某种程度上证明了利氏传教路线的有效性。

（四）在禁律面前

各有特色的民俗文化，往往成为民族或社区之间区别开来的重要标志之一，其中有些因素往往又会演变成禁忌。对于禁忌，除非以武力或革命改变之，或与严守禁忌的人群老死不相往来，剩下的途径便只能是"入乡随俗"。

利玛窦虽已改换儒服，但那还只能换来儒者的外貌，即只能在外观上使士大夫对传教士减少那种对佛僧的优越感或轻视，并增加一些认同感或至少是不排斥的同情。要在消极意义上尽量缩短或消除心理上的距离，并因此减少中国天主教徒在宗教生活中的困难，还要合宜地对待中国社会生活中的礼仪、风俗。

利玛窦可谓入国问禁。通过观察,他发现祭祖、祭孔在中国社会生活中是非常重要而且沿袭已久的传统礼仪。对这些礼仪的态度,便成为上自皇帝、下至平民百姓都非常关注的焦点之一。利玛窦对此问题的态度是鲜明的。他认为这些礼仪不是宗教仪式。关于祭祖,利氏向西方人作了如下介绍和评述:"从皇帝到平民,儒教最隆重的事,是在每年的某些季节,给逝去的祖先献供……他们认为这是尽孝道。所谓'事死如事生,事亡如事存,孝之致也'。他们并非认为死人会来吃上述东西,或者需要那些东西。他们说是因为不知道有什么别的方法,来表达对祖先的爱情及感恩之情。有些人曾对我们说,订立这些礼法主要是为着活人,而非为死人,即是说,那是为了教导子孙和无知的人,孝敬仍然在世的父母。看到有地位的人,事奉过世的仍像在世的,自然是一种教训。无论如何,他们并不想逝去的人是神,不向他们祈求什么,祝望什么,与偶像崇拜无关,或许也能说那不是迷信。"①

从利玛窦的上述评价来看,这位传教士是不那么坚决反对中国教徒祭祖的。因为他认为,祭祖是中国人用来维系孝道这一伦理原则的习俗。而且,从基督教的立场来看,它不

---

① 《利玛窦全集》册一,八五页。

一、天路历程

是所谓偶像崇拜,即不是非排斥不可的异教宗教仪式。不过,他仍希望中国人在皈依基督教后,"把这份孝心,改为对穷人的施舍,以助亡者之灵"①。

关于祭孔,利玛窦也采取了类似的评价。他认为中国官员或士子到孔庙行礼,"是为了感谢他(孔子)在书中传下来的崇高学说,使这些人能得到功名和官职。他们并不念什么祈祷文,也不向孔子求什么,就像祭祖一样"②。

利氏对祭祖礼仪的评论并不十分准确。在中国历史上,祭祖是一种经历过演变的礼仪。考古学的发现表明:殷代祖先崇拜隆重,祖先崇拜与此前的天神崇拜逐渐接近、混合,为殷以后的中国宗教树立了规范,即祖先崇拜压倒天神崇拜。这时的祭祖,尚是具有一定宗教意味的仪式。因为殷人深信他们的部族是代表着上帝的旨意统治人世的,下界的王朝即为上帝之代表。他们认为上帝并不直接与下界人间小民相接触,所以一般人不能直接向上帝吁请。因此,如果人们有所祈求,须以王室为下界代表,通过王室祖先的神灵,才能将下界的祈求传达于上帝之前。周初人们还认为祖先的灵魂有

---

① 《利玛窦全集》册一,八六页。
② 同上。

降祸赐福的能力，因而要敬祖。

周末由于对世俗道德教化的强调，或说由于"人文主义精神的冲击"，祭祖的思想和心理基础开始转化为世俗化的伦理观念。最能说明这一点的是荀子的《礼论》。荀子基本上是一个无神论者，他否定了天的神学意义，同时在探讨礼的起源和意义时，他也否定了礼是"天秩"。他以"礼以养情""礼以成文"说明礼的功能，以"祭者，志意思慕之情"解释祭礼的起源和作用。他对礼仪的解释基本上是从伦理功能的角度着手的。祖先崇拜的宗教意义被世俗伦理观念取代了。十分有趣的是，利玛窦这个天主教神学家对中国礼仪的解释，竟与荀子这个无神论者有许多相似之处，这显然得益于他从荀子那里所获得的思想资料。这里需要指出的是，荀子还承认祭礼"其在君子，以为人道也；其在百姓，以为鬼事也"，这便是祭礼中礼和俗（上层社会与平民）两大脉络。在荀子看来，祭祖活动在民间具有宗教迷信色彩。而利玛窦则不可能，也无必要注意到祭祖在中国历史上的演变及细微的礼俗之别，而只是一概而论，只在他的解释中赋予这种中国礼仪以一种世俗的道德意义。这也是一种与带有技巧性的解释相互关联的策略，也是他常用的一种理论伎俩，即对儒学中与基督教核心教义貌合神离的因素，他尽力地采用拟同的调和之法。对儒学中异于基督教，但又确实带有宗教、迷信色彩的思想、观念、习俗、礼仪，利玛窦则尽力销蚀其中的宗教（"异教"）意义，以便向西方人表明：中国的礼仪是可以容忍的。他必须这样做才能争得传教活动的大本营——欧洲天主教会对他的策略的理解和支持；也只有这样做才能迎合中国人的习惯，虽然他曾声称这并不是向儒学献媚。这一做法埋下了后来"礼仪之争"的种子。

利玛窦适应中国国情，分别将"敬孔"和"祭祖"解释为"敬其（孔子）为人师范"和"尽孝恩之诚"的非宗教礼仪。在此基础上，他尊重士大夫和平民的祭祀习俗。这就使得当时的中国教徒，特别是那些具有一定的政治、社会地位的天主教徒，在需要参加"敬孔"和"祭祖"仪式时，不至于产生宗教上的阻滞和困难。同时，利氏还以儒家经典中的天、上帝称呼天主教的"唯一真神"天主。后来的康熙皇帝称之为"利玛窦规矩"。

利氏死后，陆续来华的其他会派如多明我会、方济各会、巴黎外方传教会的传教士，一再有人反对"利玛窦规矩"，被利玛窦指定为耶稣会中国省区负责人的龙华民也持反对态度，耶稣会内部的庞迪我，亦主张中国教徒禁绝"敬孔""祭祖"。这样，从十七世纪三十年代起，开始了持续近一个世纪的"礼仪之争"，官司一直打到教皇和康熙皇帝那里。一七〇四年，教皇克来孟十一世作出了禁止中国天主教徒"敬孔"、"祭祖"的决定。此前两年（一七〇二）教皇已派铎罗为使者来华，此人于一七〇五年年底到达北京，并受到康熙皇帝的召见。当康熙明白其意图是推翻"利玛窦规矩"时，他断然宣布："自今以后，若不遵利玛窦的规矩，断不准在中国住，必逐回去。"①不过，他仍允许那些"领票"即遵守"利玛窦规矩"的传教士留居中国。但罗马教廷仍固执己见，于一七二〇年再度派使者嘉禄来华重申其禁约，又由于中国官员屡请禁绝天主教，康熙皇帝乃下令全面禁教。他斥西洋人为"小人"，天主教"竟与和尚道士异端小教相同"，明令"以后西洋人不必在中国行教，禁止可也，免得多事"。雍正继位后，禁教更严。中国的大门自此紧闭。直到一百多年后，这扇大门才被洋炮轰开，近代史上的传教史，也就变成一部中国人民的屈辱史。

"礼仪之争"还向人们表明，"利玛窦规矩"作为明末来华传教士对中国礼仪、习俗的最早解释，与其说它是寻求中国礼仪在古籍及当时的历史生活中的原意，倒不如说它是为了解决传教士们在宣讲基督"福音"中所遇到的一系列困惑。

---

① 参见魏特著、杨丙辰译《汤若望传》册一，一九〇—一九七页。

正是在这种意义上，可以说"利玛窦规矩"既带有策略性成分，也带有理智分析的成分。在禁律面前，利氏的妥协是近代以前唯一可行的和平传教途径。康熙皇帝接受利玛窦的解释，并以是否遵循"利玛窦规矩"作为决定传教士去留的标准，正好可以成为上述对利玛窦其人及其策略所作评价的注脚。

（五）沉默的"福音"

一提到欧洲中世纪，人们便会联想到如下的画面：在大街小巷、在广场上，上帝的黑衣使者们手持《圣经》，向渴望得到救赎的人们宣讲福音。这些教士为了征服他们的听众，不仅要熟背《圣经》，还要经过若干年的雄辩术训练，以练就滔滔不绝的口才。在来华的传教士中，仍有人如龙华民不忍割舍他们的无碍辩才，主张直接到广场、到乡间，向中国人宣讲"福音"，认为"从高官大员开始而乡下的愚夫愚妇，都应劝他们信教"[①]。这种急于求成的直接后果便是不断的风波——中国百姓经常以各种理由向官府告状，抵制、排斥他们的传教活动，这是一五九八年利玛窦转赴南昌后在韶州的情形，当时龙华民主持韶州传教事务。

---

① 《利玛窦全集》册四，五二一页。

利玛窦既有过目不忘的惊人记忆力,也有口若悬河的辩才,而且思维清晰。这种能力就连李贽也非常佩服,他说利氏"数十人群聚喧杂,仇对各得,傍不得以其间斗之使乱"①。但利玛窦却清醒地意识到,中国不是他表现口才的地方。与龙华民不同,他选择了一种以著作传教的方法,即所谓"哑式传教法"。

与龙华民一样,利玛窦也希望以"福音的光芒"照耀神州大地,但他却有意使"福音"沉默下来。他相信,在中国,著作的力量大于他的三寸不烂之舌。而且,既然在中国传教首先只能采取争取士大夫的上层路线,那就应该实施相应的传教方法。

利玛窦还曾在其他方面为其"哑式传教法"进行辩护。他认为,这种方法适合中国人的习惯,"因为所有教派多以书籍,而不是以口讲作宣传,获取高官厚禄也是利用撰写佳作,而不是利用口才获得"②。而且,"中国人对于有新内容的书籍十分好奇,又因为象形的中国文字,在中国人心目中有一种特殊的力量及庄重的表达能力"③,中国人还有以文会友的

---

① 李贽:《续焚书》,中华书局,一九七五年,三五页。
② 《利玛窦全集》册四,三二五页。
③ 《利玛窦全集》册一,一三九页。

习惯,这种心理和习惯产生的后果便是:"在中国,印在书上的东西都被认为是真理""关于基督教义,中国人比较相信书本,只是口头讨论是不够的"①。总之,在他看来,中国人似乎是一个重视觉而轻听觉的民族,相信三不朽的传统又使书籍被神圣化,从而产生尽信书的心理习惯。

在利玛窦看来,以著作传教的效用极大。"在中国有许多传教士不能去的地方,书籍却能进去,并且仗赖简捷有力的笔墨,信德的真理,可以明明白白地由字里行间,渗入读者的心内,较比用语言传达更为有效。"②在十六、十七世纪的中国,大众传播媒体似乎仅限于文字,书籍的渗透力在当时确实是无可比拟的。利玛窦相信,"哑式传教法"甚至会影响儒家文化圈中的朝鲜、交趾及日本。

正是基于以上考虑,利玛窦在其生活于中国的近三十年中,一直勤于撰述,其间他的中文著作竟达二十种之多。除了一些科学译著外,还有关于宗教、哲学、伦理等类的著作。

1.《交友论》。这是一部西人论友谊的格言汇集,收入了古罗马西塞罗及文艺复兴时期人文主义大师爱拉斯谟等人

---

① 分别见《利玛窦全集》册一,二二〇页;册二,五三一页。
② 裴化行:《天主教十六世纪在华传教志》,二六一页。

论友谊的格言。由此亦可见利玛窦确曾吸收过人文主义的思想资料,当然这些资料是于其宗教无损的。其中,也有若干条格言是利玛窦据他对中国人的思想之了解而编写的。该书是应南昌建安王之请撰写的,初刻于一五九五年,一五九九年再刻于南京,一六〇一年冯应京刻于北京,先后曾被收入近十种丛书,在明末士大夫中风行一时,不少名人都曾在著作中引用该书中的格言。利玛窦自述他也因此得名。

2.《天主实义》,亦名《天学实义》。一五八四年,罗明坚曾与利玛窦编写《天主实录》一书,当时二人汉语不精,故此书是在翻译的帮助下完成的。经过研读四书五经以及翻译四书(译为拉丁文),利氏开始懂得如何附会并适应中国传统哲学并与之调和,乃于一五九五年着手撰写《天主实义》一书,一年完成,进京后曾作修改。是书初刻于万历三十一年(一六〇三),一六〇五年第二版刻于广东,一六〇七年第三版刻于杭州,一六二九年收入李之藻编印的《天学初函》(大型丛书)。该书是研究利玛窦思想最重要的史料之一。对于今天的神学家来说,其意义在于第一次系统地向中国人论证上帝存在、灵魂不朽、死后必有天堂地狱之赏罚,并向中国人指出个体救赎之路;对一般研究者来说,此书之意义在于它是中西文化史上第一部根据所谓自然理性以耶释儒,同时又以天主教批判儒释道的著作。

3.《二十五言》。由二十五节修身格言组成,一六〇四年初刻于北京,同年再版,亦收入《天学初函》。

4.《畸人十篇》。篇名取意于《庄子·大宗师》语:"畸于人而侔于天。"与《天主实义》一样,是对话体著作。内容为利玛窦同十人谈基督教伦理,主要讨论生死问题。此书一六〇三年初刻于北京,一六〇九年重刻于南京、南昌,收入《天学初函》。

5.《辩学遗牍》。此书一六二九年收入《天学初函》。由三封信组成,即《虞德园铨部与利西泰先生书》、《利先生复虞铨部书》、《利先生复莲池大和尚〈竹窗天说四端〉》。明末反基督教的士人曾对后两封信的作者提出疑问,认为均非利玛窦所作,系中士托利氏之名杜撰而成。经综核史料,并加以考辨,笔者认为《复虞铨部书》确系利玛窦所作;至于《复莲池大和尚书》,则可能是徐光启所作。

6.《西国记法》。一五九六年撰于南昌,介绍记忆术。

7.《西琴曲意八章》。此系音乐作品。

8.《斋旨》。短文,仅八百字左右,是《畸人十篇》第六篇的部分纲要。

9.《四元行论》。以气、火、水、土为构成宇宙万物的基本元素（质料），思想资料显然来自古希腊哲学。

还必须指出的是，利玛窦晚年撰写的《基督教进入中国史》（《利玛窦中国札记》）虽非中文著作，但也是很有价值的研究资料，对研究明代社会的各方面都有重要参考价值。书中也包含了利玛窦本人对中国各方面的真实看法①。

在上面介绍的利玛窦中文著作中，有一个倾向非常明显，即利玛窦或者隐瞒来华的真实意图，或者在宣讲、传播基督教时尽量不谈那些为中国人难以接受的"启示神学"，而是采用托马斯·阿奎那的神学理论和方法，对他所宣讲的教义进行说理性论证。这种策略对与他接触的士大夫影响也很大，因为世俗理性精神较浓厚的士大夫是难以接受"启示神学"中的"语怪之论"的，而更易理解基于推理的结论。

利玛窦的"哑式传教法"引起的反响是较大的。一些士大夫在阅读其著作后投入了"天主"的怀抱，而另一些士子僧徒在研读利氏中文著作后，感到"圣学道脉"有被"邪教"取而代之的危险，于是奋起批驳天主教。看来，在当时的中国这块较平静的湖面上，要想激起波澜，还非得投进几部著

---

① 中华书局版《利玛窦中国札记》译自加莱格尔的英译本，这个英译本又译自金尼阁在利玛窦意大利文原稿上加工过的拉丁文译本，故多有出入。台湾版《利玛窦全集》中的译文译自意大利原文，更真实可靠。

作不可。

（六）另一种福音

对于那些深切关注个体救赎的中国教徒来说，传教士输入的天主教义也许确乎向他们展示了生活的真正意义。在超凡脱俗的宗教生活中，他们也许真的感受到了存在意义的天光。总之，天主教义成了他们的福音。然而，对当时的整个中国来说，对今天的历史沉思者来说，传教士们来华更值得肯定的价值，在于他们携来了科学——中国文化的福音。

但必须指出的是，科学不过是传教士们的敲门砖。

初来中国时，利玛窦发现最能引起中国人兴趣的并非基督教的"福音书"，而是西方科学技术。一五九五年十一月四日，在写给罗马耶稣会总长的信中，利玛窦列举了中国人访问其住所的五个原因：其一，他是从欧洲来的外国人；其二，他有惊人的记忆力；其三，瞿太素到处传扬他是位大数学家；其四，他带来了一些东西，如棱镜、地球仪、浑天仪、世界地图；其五，最后的原因才是想听教会的道理，并与之交换意见，但因这个原因拜访他的人最少。可见其中实质性的原因乃是利氏向中国人展示的西方科学技术。

早在他居于肇庆时，利氏就发现他挂在墙上的有外文标注的世界地图，使中国人产生了极大的兴趣，也强烈冲击了中国人"中国即天下"的世界观。知府王泮见后亲自督印了这幅地图的第一个中文版即《山海舆地全图》。王泮之举，正中利氏下怀，他"立刻着手从事这项工作，其目的亦是开辟传教的另一途径"①。他一方面迎合中国人"华夏中心"的天下观，将中国画在地图正中；另一方面又念念不忘其传教目的，在图中注明各民族的宗教时，特别插入"普世性"天主教的道理，而不标注阿拉伯人信仰伊斯兰教，以表明天主教是世界上的唯一"真教"。这项工作还使他发现了中国人的一些心理弱点，即中国人夜郎自大，认为中国就是天下，但越自大，当真相被揭穿时，就越自卑。因此，当他们一旦发现外国的东西比中国更好时，就喜欢外国的东西更甚于自己的东西。应该说，利氏对当时生活在封闭帝国中的中国人的心理描述和把握，是较为生动和准确的。因此，当他利用这些心理弱点时，也就显得颇有效用。

这幅地图影响颇巨，流传很广，且一刻再刻，引起广泛的兴趣。曾自制过地图的李之藻，在北京见到该图的新版后，立即接受了其中的地理观，李氏并因此而成为传教士的密切

---

① 《利玛窦全集》册一，四五八页。

朋友。该图中所展现的世界观，可以说既包含了地理大发现的产物，也包含有中世纪的神学呓语（如十重天）。过分强调后者的保守性，而忽略前者的意义，是不客观的态度。我们可以接受如下的假设：如果让当时西方先进的思想家、科学家来传播西方文化，那也许能促进中国尽早近代化。但历史却不容这类假设成立，它不容选择地让中国人以上述方式分享了近代西方文化的一些成就，历史已经带有必然性地如此发生了。

除了新的地理科学外，西方数学也是利玛窦重点介绍用来吸引士大夫的一门科学。中外学者常常交相赞赏的莫过于徐光启与利玛窦合译的《几何原本》。据利玛窦记载，一六〇五年他开始从事一项"乍看起来与传教并没有直接关系，但实际上对传教非常有利的工作"[①]，这就是翻译欧氏几何。经过一年的辛勤工作，译完前六卷。"太史（徐光启）意方锐，余（利玛窦）曰：'止，请先传此，请同志者习之，果以为用也，而后计其余。'"[②] 利氏向中国人交代的未竟而止的原因似乎有说服力，而其真实原因绝非如此："徐光

[①] 《利玛窦全集》册二，四五八页。
[②] 《徐光启著译集》册五，上海古籍出版社，一九八三年十月第一版，六页。

启还想把剩下的几何翻完,利神父认为翻的已经不少,已经达到了目的!"①此目的大约是以数学真理向中国人表明天主教是"理性的宗教",即是在逻辑推理的基础上建立的宗教。既然认为已经达到了目的,自然可以不竟而止了。由此更可见科学在利玛窦传教活动中的策略性作用了。

《几何原本》在当时士大夫心目中地位极高,也为利玛窦赢来了应得的尊敬。他死后,内阁首辅叶向高之所以为他力争墓地,也是出于利氏对中国文化的贡献。《大西西泰利先生行迹》对此有一段生动的记述:利玛窦卒后,"有内宦言于相国叶文忠(向高)曰:'诸远方来宾者,从古皆无赐葬,何独厚于利子?'文忠公曰:'子见从古来宾,其道德学问,有一如利子者乎?姑无论其他,即其所译《几何原本》一书,即宜钦赐葬地矣。'"②

利氏还有以下科学著作或译著:《测量法义》一卷,与徐光启合译;《圆容较义》一卷,与李之藻合译;《同文算指》十卷,署万历四十一年西海利玛窦授,浙西李之藻演;《乾坤体义》二卷,利氏自著;《经天该》一卷,系利氏与李之

---

① 《利玛窦全集》册二,四五八页。
② 见陈垣校刊《辩学遗牍》《大西利先生行迹》《明浙西李之藻传》合订本,《行迹》,七页。

一、天路历程

藻合译。

西洋历法也是利氏等传教士赖以在中国立定脚跟的重要工具。明末修历之事虽主要是在利玛窦死后，由徐光启在崇祯年间主持的，但利玛窦生前即以此为申请在北京留居的一个借口。万历皇帝也正是因为地图、传教士的历算知识，还有常需修理的西洋乐器及自鸣钟等，而默许他们留居北京的。利氏在写给欧洲上司的信中，经常要求罗马派精通天文历算等科学技术的传教士，来中国以科学传教。

客观地说，当以利氏为代表的传教士以科学作为传教工具时，他们不仅激起了部分士大夫对西方科学的兴趣，而且在某种程度上满足了一些士大夫甚至皇帝的需要。正是这种需要和被需要的关系，才使以传教士和士大夫为中介的中西文明的和平对话成为可能。否认这一点是令人难以接受的。当然，必须指出的是，传教士首先是西方宗教的传播者，其次，在他们将科技作为"敲门砖"时，才在某种程度上扮演成西方世俗文化包括科学技术的传播者。因此，在传播科学的态度和做法上，传教士们是有变化的。如果说利氏在具体实施科学传教的策略时，曾与其上司发生分歧，因而在以科学为传教手段时，走得太远，被认为有"以手段为目的"之嫌[①]，那么，在利氏死后，耶稣会的传教策略则开始强硬化，传播科学的热情有所减退。例如，著名思想家方以智在《膝寓信笔》中谈到崇祯十二年他与传教士毕方济的交往时，就颇有微词："诣之，问历算奇器，不肯详言，问天事则答。"利氏在传播科学时终日乾乾，"随问随答"（李之藻语）；与毕方济的"不肯详言"是有区别的，甚至可以说比照鲜明。这种区别和变化是有原因的。这是因为利玛窦更能适应中国情况，因而能更有效地利用科学这一传教工具，但耶稣会的本质决定了它在利玛窦这种个人因素不复存在以后，必然会较充分地暴露其排斥科学的本来面目。利氏死后不久，当阳玛诺代理视察中国诸传教所时，就曾受命在各所宣布禁用数学及其他与"福音"无关的科学，也不许参加中国的修历之事。当然，这项命令不可能得到严格执行。

传教士们携来的是什么样的科学呢？

首先必须指出的是，利玛窦在中国生活期间（一五八三—一六一○），正是近代之初，此时科学与哲学尚未完全分离，

[①] 参见刘建《十六世纪天主教对华传教政策的演变》，载《世界宗教研究》一九八六年第一期。

一、天路历程

科学本身也尚未分化成众多的门类①。近代科学初兴之时，中世纪信奉的一套希腊思想（亚里士多德）与近代科学先驱在一种复古倾向中信奉的另一套希腊思想（毕达哥拉斯精神），这种思想矛盾地共存于欧洲思想界②。因此，受过严格的神学教育、同时又吸收过一些人文主义学术成果的传教士，他们传授给中国士大夫的既有中世纪托勒密体系中的天文学、宇宙观，如地球中心说、天有十重等；也有体现毕达哥拉斯精神的科学，如《几何原本》、《同文算指》等；还有文艺复兴后期地理学，如《坤舆万国全图》；也有从根本上改变了中国传统的近代天文学成果，如徐光启绘制的《见界总星图》③，等等。

其次，至少就利氏来说，尚无阻挠近代科学技术输入中国的明显意向。例如，可能发明于十六世纪末十七世纪初的望远镜，已由利玛窦输入中国。至于哥白尼于一五四三年在纽伦堡出版的《天体运行论》，利氏确未加以传播，因为哥

---

① 见亚·沃尔夫《十六、十七世纪科学、技术和哲学史》，商务印书馆，一九八五年一月第一版，五—九页。
② 见亚·沃尔夫《十六、十七世纪科学技术和哲学史》，商务印书馆，一九八五年一月第一版，五—九页。
③ 参见潘鼐《梵蒂冈藏徐光启〈见界总星图〉考》，载《文物》一九九一年第一期。

白尼的体系经过了大半个世纪才在科学思想中牢固地树立起来，直到一六三二年伽利略发表其拥护哥白尼学说的名著《哥白尼和托勒密两大世界体系的对话录》后，哥白尼学说才引起强烈反响。历史条件的限制使得卒于一六一〇年的利玛窦生前只能"接触到那最新科学的边缘"，因而也就无从加以传播了。

最后，利玛窦等人输入中国并产生较大影响的主要还是希腊科学，可以说与近代科学理论和方法差距甚远，但对缺乏公理化、系统化、符号化的科学体系的中国士大夫来说，它确实具有解放的意义，因而颇有吸引力。因此，我们应将耶稣会士在主观上的意图（传教）和做法（对近代科学传播不甚充分、全面），与其客观影响或对中国文化的意义区别开来。这样，我们便可客观而大胆地断言，利玛窦理应比他的那位探险家同胞马可·波罗在中西文明史上享有更崇高的地位。除却宗教因素不论，可以认为，利玛窦将作为比较能够正确对待中国文化并为之作出过贡献的优秀西方思想家而长存于历史，而且这一结论并不妨碍我们自觉地与那些背景复杂的利玛窦吹捧者区分开来。

一六一〇年五月十一日，利玛窦结束了他的天路历程，上帝是否真的赐他以"圣徒"之号，那是我们不感兴趣的问题。

他在中国近三十年的活动表明，他的传教策略更具灵活性，他对中国文化的宽容可以说已达到罗马教廷能容忍的极限。以功利性说明利玛窦的灵活性及其宽容性，诚然是最重要的原因，但我们还应注意到，利玛窦曾像人文主义者那样以崇信的态度引用西塞罗、塞涅卡甚至著名人文主义者爱拉斯谟的思想。如果不以绝对对立的观点来理解耶稣会，尤其是具体的耶稣会士与文艺复兴之间的关系，那么，我们也许会承认，人文主义者那种对人性、对异族异教文化的同情了解的态度对他的影响，成为利玛窦传教策略的宗教底色上较为鲜亮的色彩。同时，也成为其灵活性、变通性的思想原因。当然，他并不是人文主义者，他首先是位神学家、传教士。他的这种身份决定他将以自己的立场对中国文化尤其是对儒学作出评估、解释和批判。

二、耶教如是说

（一）"拨云雾见青天"

利玛窦既有其传教策略和实践，又有其独到的理论见解。为了迎合中国士大夫喜欢拟同的认知结构，他尽力寻求儒学和基督教的共同点，并在理论上做了一番以耶释儒、以基督教附会儒学的工作。同时，对儒学中有些为基督教不能容忍的思想观念给予了批判。从而在他切身体验的基础上，为今天的中西宗教、哲学的比较研究，提供了一份并非毫无参考价值的思想资料。

利氏的上述理论工作，是建立在他对中国文化（主要是儒学）的评价基础之上的。他对儒学的整体评价，虽主要见于晚年以意大利文撰写的《基督教进入中国史》一书，但这种评价中的基本态度和精神，贯穿于他在中国的全部工作中。

二、耶教如是说

必须说明的是,由于利氏是一位传教士,这便决定了他考察和评价中国文化的参照系首先必然是基督教,其次才是与这种宗教相关的西方文化、哲学。

传教士的立场决定了利玛窦首先必须向西方人交代他所面对的儒学的特性,是宗教性的?还是一种无神论的、世俗的思想体系?对此问题,利氏的回答有二:儒学是一种宗教,儒学不是正式的宗教。

在利玛窦看来,儒学之所以是宗教,其一是因为"在欧洲所知的所有异教徒教派中,我不知道有什么民族在其古代的早期比中国人更少犯错误的了。从他们历史一开始,他们的书面上就记载着他们所承认和崇拜的一位最高的天神,他们称之为天帝,或者加以其他尊号表明他既管天也管地。看来似乎古代中国人把天地看成有生灵的东西,并把它们共同的灵魂当作一位最高的神来崇拜"[①]。其二儒学也讲上天给坏人的惩罚和给好人的赏报。其三关于灵魂不朽,中国人似乎没有什么怀疑。也就是说,原始儒学或古儒具有宗教的核心观念:唯一至上神、灵魂不朽,以及神的赏善罚恶。因此,早期儒学是宗教。利玛窦对儒学的肯定性评价主要基于他对

[①] 《利玛窦中国札记》,九九页。

古儒的宗教性诠释、理解。他曾对虞淳熙明言:"门下所据,汉以来之圣贤,而窦所是者,三代以上之圣贤。"① 至于这种理解和诠释是否准确,对他来说也许并不重要。

但利玛窦又认为,儒学不是正式的宗教:①中国人后来逐渐失去了原始的宗教之光,信奉古儒的文人,或者陷入了偶像崇拜,或者走向了无神论;②有些文人认为在死后,灵魂完全消失,不相信来世有天堂地狱;③没有祭祀阶层;④真正的哲学家不提创世说。

很明显,当利玛窦说儒学不是宗教时,他指的是儒学的现实性品格、特征。他判别的标准则包括两方面的内容:内在的观念和外在的组织、行为、制度。这种判别方法在今天的宗教学中仍可见到。

虽然儒学就其现实性而言不是正式的宗教,但在利玛窦看来,基督教与儒学的关系,不能因此而像它和佛教一样是对立排斥性的关系。因为儒学以孔子为师,后世儒学皆采用孔子的哲学,而孔子的哲学是以自然律为基础的,很少与天主教义相违背,或者说,"儒家的道理,没有任何与天主教道理相冲突的地方"。

---

① 《辩学遗牍》,四页。

二、耶教如是说

利氏立即将这一结论与他的传教工作联系起来:"儒教不是一个正式的宗教,只是一种学派,是为了齐家治国而设立的。因此,他们可以属于这种学派,又成为基督徒。"这一结论为利氏在不伤害士大夫或一般百姓的生活方式及其思想观念的情况下归化他们,大开了方便之门。同时,也是他调和儒学与基督教的前提。

利玛窦在分析、评价儒学的基本特性时,也透露出他对儒学的态度主要是积极的肯定和赞扬。初来中国时,中国的科学、政治、思想、文化都给他留下了深刻的印象。他给友人的书信中,曾由衷地赞扬中国文化:"中国人的智慧,由他们的聪明发明可以得知。"接着,他历数了中国在文字、医药、一般物理学、数学、天文学、艺术和机械各方面的成就,指出中国人从没有与欧洲交往过,"却全由自己的经验得出如此的成就,一如我们与全世界交往所有的成绩不相上下"。他甚至认为,中国政府治国的能力超出其他所有的国家,"希腊的哲学家柏拉图,在政治理论方面也不如中国人",并认为"中国政治的良好,我发现较所传说的还要好,任何宗教的组织都比不上中国政治的阶级分明,各有所司"。利玛窦赞扬的中国政治,正是明末大政治家张居正着手改革并略有成效的政治,张居正死后,万历荒怠,朝政日趋腐败,但这并不影响利玛窦在晚年将中国政体描述为理想的共和。只要知道利玛窦来自一个政治生活中充满阴谋、暗杀，社会动荡不安的国度，我们便不难理解他如此赞赏高度集中而且较为稳定的中国政治了。

利玛窦也常赞扬中国的文化思想。他认为儒学是以自然律为基础的，许多西方哲学家都无法与孔子相提并论。四书所述的伦理犹如第二位塞尼加的作品，不次于古代任何著名作家的作品。

来华多年后，在徐光启请求与其共译天主教经书时（一六○四），利氏还表达过他初来中国时的感受："向自西来，涉海八万里，修途所经，无虑数百国，若行枳棘中。比至中华，获瞻仁义礼乐声明文物之盛，如复拨云雾见青天焉。"① 应该说，利氏的这种感叹是真诚的。他所经过的非洲、印度、交趾在当时确实难以与中国的文明程度相比。但如果中国文明中的一切皆如上述那样美好，欧洲公众就会认为利玛窦等人的传教工作正如后来反教的士大夫所认为的那样是不必要的了。因此，在利玛窦对中国的评价中就不乏针砭，甚至产生前后不一致的看法。

---

① 徐光启：《跋二十五言》，见《增订徐文定公集》。

二、耶教如是说

对中国人的迷信(如神仙方术)及道德生活中的腐败现象，利玛窦不遗余力地给予了批判。他深恶痛绝地描述了明末的淫逸之风。此种描述正好可以向西方人表明天主教能在中国完成淳化"异教徒"道德生活的"使命"，而又不致引起对他适应儒学以使中国人归化基督教的传教策略的反感。

利氏对不同的人介绍和评价中国文化时，态度是有一定差别的。对欧洲公众，他尽量介绍儒学与天主教相合的地方，并在此基础上肯定、赞扬儒学，以争取欧洲人对耶稣会在华传教策略的理解和支持；在写给个人的书信中，利玛窦则有保留地介绍二者不一致的地方，以说明在中国传教的困难，进而争取友人或上司的同情与理解。也就是说，在后人编辑的利玛窦书信集中，我们更能见到真实的利玛窦。这种差别可简称为"公私之别"。另外，还有一种"中西之别"，即利玛窦对西方公众较多地肯定和赞扬儒学（批评的则主要是信奉儒学的中国人的道德生活），而当他在北京获得士大夫较为普遍的同情后，在与士大夫的交谈中，他对儒学中的一些妨碍天主教传播的观念、思维方式则多有贬斥。而对西方公众，除了多次谈到中国人缺乏逻辑推理以外，则较少像他对中国士大夫那样彰显中西文化间的一些深层差别。如他对士大夫说中国人的认知缺陷在于只限于感官之知，缺乏对无形的精神实体的想象与认识，对西方公众他则很少提及这一点。利氏对儒学评价中的这种"中西之别"，一方面造成了西方人在"归化"中国人一事上的盲目乐观情绪，另一方面则成为反天主教的士大夫进行反批判的理论根据。

以上两种差别的产生，主要出于策略性的考虑。当他向士大夫布道时所谈论的儒耶之间在思维方式上的深刻差异，也许是他更真切的想法，但他却较少向西方人交代这种差异，想得到欧洲公众的支持的企图使他避免这样做。但不能因此说他是一个无定见的传教士。我们将会看到，那些构成利玛窦认为儒学是宗教的因素，以及他认为与天主教相一致的儒学中的观念、思想，正是他在中文著作中极力予以肯定、调和的地方。而他向中国士大夫所彰显的儒学与天主教不一致的地方则成为他一贯比较、分析和批判的对象，或者成为他意欲以天主教取代和超越的对象。

利玛窦的《基督教进入中国史》对欧洲的文学和科学，对哲学和宗教等生活方面的影响，可能超过任何其他十七世纪的历史著述。启蒙运动的大师们从中吸收了很多思想资料，并借他们想象中理想化了的中国，讴歌人性，赞美理性和人的权利。这一现象耐人寻味。它表明：两种异质文化传统之间的沟通、了解，不论其媒体的主观意图如何，它必然会在超出媒体本身的更大范围内引起建设性的传播、解释和运用。耶稣会的本质无疑是反对宗教改革的，但以利玛窦等人为代表的耶稣会士对中国文化的宽容性的解释和赞许性的介绍，在客观上无疑成为西方启蒙思想家们借用中国哲学的前提。他们向西方人塑造了一个政治昌明、文化发达、国力强盛的中国形象。这对当时那些企图通过搜集关于中国的情报，最后以武力征服中国的殖民主义者也无疑是一帖清醒剂。另外，既然启蒙时代的思想家，可以运用作为封建文化的中国哲学创造性地论证、发展他们的思想体系，那么，当我们发现一些中国先进的士大夫，竟能利用传教士输入的中世纪西方宗教思想以及并非完全近代化的科学，作出有利于中国文明的贡献时，我们也就不应该觉得难以解释了。

（二）"今不如古"

利氏认为早期儒学更具有与天主教不相冲突的宗教性，因此，为了与士大夫达成求同的共识，他便鼓吹古儒。其目的是通过诉诸古儒，使士大夫们在崇古复古的氛围中，投向古儒经籍中的上帝的怀抱。为此，他首先在历史观上寻求士大夫们能接受的共同点或理论根据。

虽然利玛窦曾实际上向西方人肯定中国社会、科学、文化有其自身进步的过程，而且认为这种进步是在与欧洲尚无交通的情况下取得的，但这种发展的观念并不妨碍他在理论上调和基督教与儒学中的退化史观，以适应中国的国情和士大夫们的思维方式。

利玛窦在华活动期间，正是万历中后期，这时的欧洲已经历并且还持续着宗教上的大分裂，拉丁基督教世界的统一已经破裂。在利玛窦的意大利，政治"长期成为错综复杂的蜘蛛网，成为一座充斥各私阴谋诡计的迷宫"。十六世纪二十年代末（一五二七），罗马曾遭受史无前例的屈辱的劫掠。与欧洲的纷乱和动荡相比，一体化的明帝国在利玛窦看来尚像个大花园。但明帝国实已呈衰象，当时的万历皇帝因财政困难，遣宦官为矿监税使，四处搜刮民财，客观上阻碍了新兴生产因素的发展，并不断激起民变，民心与国势实已委顿而难以挽回。社会生活其他领域中也危机四伏。士大夫们认为最重要的道德生活中也是腐风弥漫——实际上可能是市民生活方式的影响在渗透扩大，学风也在浮泛空虚中走向极端。稍后的宦官专权，更使帝国在昏乱中耗尽了活力，终于在农民起义和外族入侵中灭亡了。"天崩地陷"、"天倾地裂"成为士大夫们普遍接受的陈述明末之势的痛切之论。

国势的衰颓，使士大夫更憧憬神话般的三代之治，就连

二、耶教如是说

徐光启也以唐虞三代为其政治、军事和科学实践所欲达到的社会政治理想。在这种看似积极的理想和憧憬背后，却隐含着一种表现为崇古的退化史观。这种历史观可以溯源于先秦诸子百家，包括儒家的尊古理论。那时的思想家们大都驰骛于三皇五帝不用甲兵的至治之极的幻想，借以批判现实生活中的暴力和纷乱，并以古代权威作为自己学说的根据。至宋代，邵雍的《皇极经世》，更为基于尊古论的退化史观建立了自己的哲学根据。退化史观的核心观念是认为"人类黄金时代在过去，不在将来；自从黄金时代过去后，历史的运动一直是逐步退化的运动。因此，拯救人类，不在创新，而在于复古"①。

退化史观并不是中国人的独创。基督教创世说中的历史观与儒学中的退化史观，具有本质上的相似性。上帝从无中创造了世界，并按自己的形象创造了人。人类之祖亚当和夏娃最初居于乐园中，但因为他们偷吃了智慧之果，被愤怒的上帝逐出了乐园，人类历史便因此而成为堕落者寻求救赎的历史。在利玛窦时代的神学中，流行的神学史观认为历史在本质上是一个不断启示的过程，也就是上帝以"性教"、"书教"、

---

① 冯友兰：《中国哲学简史》，北京大学出版社，一九八五年二月第一版，一八八页。

"恩教"启示人类的历史,也就是人类不断堕落退化的历史。

基督教的神学史观为利玛窦在不违背教义的情况下调和儒学史观提供了便利。利玛窦的自觉调和首先是以他对士大夫的崇古思想的了解为前提的。在写给虞淳熙的信中,利玛窦就曾利用这种崇古思想批判、排斥佛教,并宣扬基督教的社会功能。他说:

> 且佛入中国既二千年矣,琳宫相望,僧尼载道,而上国人心世道,未见其胜于唐虞三代也。每见学士称述,反云今不如古。若敝乡自奉教以来千六百年,中间习俗,恐涉夸诩,未敢备者……①

利玛窦在与士大夫交谈时,还曾着力渲染现世之苦,并将现世之苦溯源于叛离上帝的原罪和每人在现实生活中的新罪。同时,宣扬今不如昔的退化史观。在与徐光启的交谈中,利玛窦就曾非常自觉地传扬基督教神学史观:"子不见世愈降,俗愈下乎?父之世不如祖,生我世不如祖父,而我以后转之于益下者,孙也。人增咎,天增罚,不善之殃矣。"这里谈的退化尚限于道德领域,但这正是士大夫最关心的领域,因为泛道德化的思维方式,使人们认为道德与政治和整个社

---

① 《辩学遗牍》陈垣校刊本,三页。

二、耶教如是说

会生活是关系最为密切的。

　　退化史观与复古崇古在儒学中,本是相互关联的。利玛窦强调历史的退化,正可以唤起部分士大夫对上古政治和文化思想的兴趣,乃至渴慕和崇奉。而在利玛窦看来,在古儒中包含着他力图向士大夫宣讲的关于上帝的"真理"。这样,附会古儒便成为利玛窦适应中国本土思想的重要途径之一。当然,利氏也注意到,古儒的权威性在明末并非对所有士大夫都具有吸引力和可信性。这时的思想界已呈异常活跃的气象。在人们所说的明末批判思潮中,圣人之道或多或少地失去它的庄严和伟力。与利氏有过多次交往的李贽,便是一位敢于非圣非贤的"敢倡乱道"者。对古代权威的怀疑,是李贽的精神特质之一。明末各种思想的活跃,使古儒对一部分士大夫,不像它对徐光启等人那样具有权威性和吸引力。单方面诉诸古儒,便因此而成为一种并非普遍有效附儒传教的方法。所以,当利氏与儒学调和时,他一方面诉诸古代儒家经典;另一方面又通过他深信中国人具有的"自然理性",向士大夫们宣讲关于上帝的"真理"。在此过程中,他首次向中国人介绍了古希腊和中世纪的一些哲学思想和思维方法,并在客观上为中西哲学、宗教的相互沟通和了解,作出了一些贡献。

(三)天主即"上帝"

谈到基督教,人们便立刻想到"上帝",因为上帝是基督教各派崇拜的唯一至上神。然而,"上帝"一词,并非西方人的发明,它是地道的中国产品,熟悉《诗经》等古籍的人都知道这一点。基督教最初传入中国时,传教士们都称他们崇拜的唯一至上神为"天主",并称他们的宗教为天主教。为了附会、适应中国文化,利氏花了大量的精力试图让中国人相信他们的"天主"就是中国人所说的"上帝"。然而,二者之间画上等号并非易事,在"礼仪之争"中,各执己见的神学家们,曾为这个等号争吵不休。利氏的"福音"听众,则对他画的那个等号乃至天主本身,将信将疑。

当利玛窦在南京与僧论道时(万历二十七),他就确立了一条原则:在与中国人讨论所谓上帝的真理并使其由疑转信时,不引用《圣经》。因为他清醒地认识到:对持不同信仰的人来说,基督教的权威是没有意义的。于是,向中国人显示上帝的"真理",就只剩下前述的两条途径:诉诸自然理性和古儒之经典。因此,在利玛窦的中文著作中,所谓启示真理的奥迹也就很少见到了。在《天主实义》一书首篇中,利玛窦就曾申明其布道之方是"先举其(天主教)所据之理"。其实,利氏所据之理不过是中世纪的经院哲学,尤其是托玛

二、耶教如是说

斯·阿奎那的神学理论。其中值得注意的,是利玛窦所做的儒耶调和工作中那些引起明末士大夫兴趣(研究、吸收和批判)的做法。

在中世纪基督教神学思想中,有一点与明末正统儒学颇为相似,这就是对道和器的看法。在基督教神学体系中,自然科学是神学的奴婢,阿奎那将古希腊哲学家尤其是亚里士多德关于自然知识的理论与神学理论调和起来,使之成为神学大厦中的组成部分。当利玛窦向明末士大夫绍述科学时,其目的无非是想以明晰的数学真理,将那些对西学感兴趣的人引向上帝的"真理"。一旦士大夫对后者产生兴趣,利氏便强调获得上帝的真理的绝对重要性,并贬低科学的意义。在与利氏论遭的士大夫看来,技或器同样是在价值层次上处于低层。这里的中西差异及其共同点一样都是明显的,所谓同者,在于对技或器持轻视态度;所谓异者,在于中士强调修己以成圣,传教士则强调知天主。利氏显然调和了当时中西轻视器这一深刻的共同点,而着力消弭成圣与知天主之间的差异,试图将中士引向"知天主"的宗教道路。

在利玛窦那里,"知天主"实应是首先信奉天主存在,但他并不要求中国人先信仰再理解,而是试图使士大夫先理解以便信仰。这种传教方法首先就与宗教要求无条件、无怀疑的献身和信仰的特性产生了紧张的张力乃至冲突，但对于实用理性较为发达的士大夫来说，神学家那种"因为我信仰，所以我理解"的盲从和狂热，不可能在士大夫与基督教接触伊始，便令人产生同情和兴趣。相反，托玛斯·阿奎那那种从经验事实或自然事物出发证明上帝存在的方法，则有可能达到吸引并归化部分士大夫的目的。当利玛窦一再向西方人强调中国人自然理性发达时，他无疑已在与士大夫的接触及对儒家经典的研究中意识到了这一点。因此，利氏选择了阿奎那的方法向中士证明天主的存在及其唯一性，并阐述基督教的创世说。在证明天主存在时，他采用了阿奎那的五种证明方法中的目的论证明：自然界无生命之物能符合规律地运动，必有一个外在的"灵才"以助之，而那些有知觉的生命之物，能为着特定的目标活动并达到其目标，必"有尊主者默教之"。在阐述基督教的创世说时，利玛窦则将天主解释为万物生成的终极原因，他吸收亚里士多德的四因论，认为天下无物不具有四因：作者（动力因）、模者（形式因）、质者（质料因）、为者（目的因）。利氏从神学立场，利用"四因说"，向中士说明：只有模者和质者才是事物之本分，而作者、为者则在事物之外之先。讲天主是万物之所以然，即是说天主是作者、为者。这套烦琐的神学理论，虽然在外

二、耶教如是说

观上是从对自然和经验事实的观察与思考出发的，但仍有其先验的假设作为前提。即不能从自然和人事内部寻找说明它们生成变化和运动的原因，而必须从超自然的神那里才能寻求到终极原因。所有这些，对明末士大夫来说都是陌生的。人们熟悉的是以理气这些不具超自然神秘色彩的范畴，来说明宇宙之大化流行。因此，在论证天主存在时，利玛窦更注意适应士大夫喜以宇宙论、本体论为道德理论提供哲学根据的做法。他所作的第一个论证天主存在的证明，便是在当时士大夫们熟悉并非常关注的道德领域里进行的。这种伦理道德的论证仍采用了从自然理性出发的方法，具体地说，即从士大夫们熟知的良知良能出发。

利玛窦说，人们遇难望救，为恶心惧，都是因为良能使人敬一上尊而然。"凡为善者必信有上尊者理夫世界"，如果认为不存在天主，或承认天主存在但认为他不干预人事，则会"塞行善之门，而大开行恶之路"，利玛窦明确指出，天主是"道德之源"。这种对天主存在所作的道德论证，实际上是从客观的道德现象出发，推论出一个神圣的道德律颁布者，使之成为道德价值的依据和来源。它的目的虽然在于论证至上神的存在，但由于它强调道德律之来源的神圣性，这对那些不满于现实道德生活状况而又热切寻求具有普遍有效性的道德规范的士大夫来说，则提供了不同于理学的思考道德问题的新角度（徐光启是典型的一例）。但对那些认为可以在人性或社会内部找到道德价值之依据及其来源的士大夫来说，他们在理论上完全不需要这样一位超自然的神圣的道德律赐予者或颁布者，道德问题对他们来说基本上可以在儒家道统的理论框架中予以解决。无论如何，利玛窦的道德论证是士大夫们接受或拒斥的观念中较为重要的部分。

在证明天主的唯一至上性时，利玛窦还适应士大夫的思维方式，采用了中国人惯常运用的直观比附的论证方法，并引进经院哲学中常用的三段论逻辑证明法，其中包含的所谓推理之"精细"，对明末的士大夫来说是比较陌生的。利玛窦曾在私人信件中称中国人对其推理的精细赞佩不已。确实，当时与传教士有过接触或阅读过利氏中文著作的士大夫，对这种新异的推理留下了深刻的印象，李之藻后来翻译《名理探》实是有意引进这种新的思维、论理方法。

但对一部分士大夫来说，不论基于"自然理性"的结论多么合情合理，也不论逻辑证明多么新异而精细，它们给人的确实感却远小于先圣之权威。利玛窦自觉适应了部分士大夫依恋于过去事实或历史的习惯，为了建立其神学结论的权威，他大量引用了《诗经》、《周易》等五经中述及"上帝"、

"天"的材料,对它们给予基督化的解释。他得出的结论是:"历观古书,而知上帝与天主特异以名也","吾天主,乃古经中所称上帝也。"他还认为以天解上帝亦可,因为照字面意义来说,"天者一大耳",有唯一至尊至大主宰之意。

利玛窦引古经以树天主教之权威,诚然有适应士大夫崇古习惯的策略性成分,但也同样基于一种较为正确的理智判断:天神崇拜是中国最古老的宗教,"这个至高无上的天神,夏后氏曰天,殷商曰上帝,周人尚文,初乃混合天与上帝为一名曰'皇天上帝'"①。卜辞中,殷人以上帝或帝称天神,它既掌管自然天象,又主司人间祸福。这种天神崇拜的宗教性质是鲜明的。利氏并不对这种古老的宗教与基督教之间的差异加以辨别,而只是借用士大夫们熟悉的名号,试图唤醒士大夫们对古老的宗教传统的新兴趣,并进而使之在与古儒认同的基础上,了解并信仰与之貌似的天主教。

(四)"人魂不灭"

西方中世纪的典型特征是充满对立:僧人与俗人的二元对立,天国与地上国的对立,灵魂与肉体的二元对立,等等。

---

① 丁山:《中国古代宗教与神话考·帝与上帝》。

较早论证灵魂不朽以及它与感觉世界（包括肉体）的对立的希腊人是哲学家柏拉图，以差别和对立为特征的世界观很容易使作为异教徒的希腊人成为基督徒，同时也很容易使它的哲学成为中世纪哲学的理论基础。而作为"异教徒"的中国人，则对这种对立较为陌生。但灵魂与肉体、天堂与地狱的对立，在天主教中又是至关重要的教义，甚至可以说是核心观念之一（"天主"当然最为重要），它们是灵魂得救这种终极关切以及赏善罚恶这种神学道德的基础。《天主实义》第三篇云："人魂为神，不容泯灭，此为修道之基。"利玛窦对这些教义的重要性，在他自己的中文著作中有清楚的阐述，对不了解这种重要性的中国人，利玛窦只好勉为其难，努力在附会儒学的基础上向士大夫们进行灌输。这种灌输仍具有鲜明的利玛窦（调和）色彩，导致中世纪僧侣苦修和禁欲主义的那种灵与肉的紧张对立在利玛窦的中文著作中虽然也不少见，但他更多地将注意力集中在向中士证明灵魂的存在及其不朽上，而这种证明同样是"因人事而证"，即不诉诸天启神学，而且尽量在儒家经典中寻求附会性证据。

在阿奎那的正统神学理论中，人乃是具有物质性身体和精神性灵魂的实体，而灵魂则是人的本质形式。在汉语中找到一个与理性灵魂相对应的概念并非易事。利玛窦或以精灵、或以人魂、或以灵才，称理性灵魂。确实，以魂称理性灵魂这种不死的精神实体是有冒险性的。在儒学中，魂与气是不可分的，《礼记·郊特牲》言人死后，"魂气归于天，形魄归于地。"但它终有一散，因而不是不死的永恒之体。利玛窦为了不致使中士突兀感太强烈，仍采用了"魂魄"这个概念："人有魂魄，两者全而生焉。"这里的魄仍指形魄，魂则是理性灵魂，它兼含植物之生魂、动物之觉魂，且"能扶人长养及使人知觉物情，而又使人能推论事物，明辨理义"。

在《天主实义》一书中，利玛窦花了大量篇幅向中国人证明这种理性灵魂的存在及其不朽。

利玛窦一再强调，正是灵魂使人与禽兽区别开来。人之所以能顺公理之令，能以无形之事物为好恶——以超自然、超感官的事物为好恶之对象，能脱事物之形而形成抽象的观念，能明达鬼神及诸无形之性（如真与善），能认识自己，具有自我意识，都说明了这种使人与禽兽区别开来的理性灵魂的存在。

无疑，在这些证明中，存在众多为士大夫不熟悉的异质哲学思想、观念，其内容之基础正是古希腊哲学中感官世界与抽象的理念世界的区别和对立；同时，也向中国人提出了一种较新异的哲学任务：认识自己——不只是作道德反省，而是认识自己理性灵魂的本质。

如果说利玛窦对理性灵魂之存在所作的证明带有较多的哲学意味，那么，他对灵魂不朽所作的证明则带有更多的神学道德色彩。

利玛窦认为天下之物皆由火、气、水、土四行相结以成，由于这四种元素的矛盾运动，物皆有坏亡，而灵魂则属神性实体，与四元行无关，它是单一实体，因而不死。这一论证无疑取自柏拉图《斐多篇》中的哲学论证，但这种形而上学的哲学论证并不是利玛窦全部论证的核心，占大量篇幅的仍然是或从经验事实出发或从道德出发的论证：人心之欲传播善名、忌遗恶声，人之冀爱长生且祈望来世之福，人心之难从现世事物得到满足，人性之惧死，善恶之报应与现报之不公平，均被利氏用作证明灵魂不朽的经验事实。值得注意的是，在第一个证明中（人心皆欲传善名），利玛窦以中国人的祭祖习俗来证明灵魂不朽。他认为中国人祭祖之礼的前提是承认灵魂不死，正因为灵魂不死，先祖才可"听吾告哀"，这种以贴近的生活现象证明玄远的神学结论（灵魂不死）的方法，也许会使部分士大夫较容易理解、接受天主教教义，但对那些浸润于程朱理学中的士大夫来说，则不一定能收到这种效果。

二、耶教如是说

确实,对一个既没有绝对罪恶感,又没有对死亡的恐惧(存顺没宁),甚至不愿意了解、思考死亡(未知生、焉知死)的人或民族来说,灵魂不朽是新异而难以理解的教义,按朱熹的论述,它甚至相当于志怪之说。但这个结论不可绝对化,儒学中有较为彻底的现实的理性主义传统,也有基于这种理性主义而产生的怀疑批判先贤前哲的精神,明末思想界这种怀疑批判是较为活跃的。从所谓人文主义、启蒙思想对儒学传统所作的批判是时人常常论及的课题,但从宗教角度对传统所作的批判则较少有人注意,而这种批判的确客观地存在过,利玛窦本人也曾多次谈到越来越多的士大夫对儒家不甚关心生死大事产生不满。确实,有不少士大夫正是因为关心生死大事,而又在儒学中找不到令其满意的答案才逃禅入佛的。明末逃禅出世之风颇盛,那些既关心生死大事(个体关切),又寻求实心实学以兼济天下的士大夫则不愿与逃禅者为伍,正是他们,才可能是利玛窦的听众。这些为数不多的士大夫对来世的关切,正好成为利玛窦证明灵魂不朽并使之信仰天主教的基础。

在证明灵魂不朽时,利玛窦从一开始便将它与天堂地狱之赏善罚恶联系起来。正是在这种联系中,利玛窦表现出他的以自然理性为基础的神学证明之不自足,并表现出这种不自足的神学证明之混乱。为了证明灵魂不朽，利玛窦努力使中士相信，现世的善恶在现世中不可能得到充分完全的赏罚，这样就必须等候来世之报，而来世的赏罚对象不是佛教所说的形身，而是不死的精神性灵魂。这里，天堂地狱的存在便成为"不证自明"的神学前提了，而当他与中士讨论死后天堂地狱之报时，利玛窦又以不能朽者（灵魂）为前提，实即以灵魂不朽为前提，这显然是一种循环论证。

当西方人指责利玛窦适应、迁就儒家思想时，其原因乃是因为他们认为利玛窦没有直接以《圣经》向中国人宣讲"福音"，因而使中国人了解的是一种不伦不类的宗教。确实，当利玛窦以大量篇幅谈论死后天堂地狱之赏罚时，只讲来世之利，不谋行为之"义"，而且有偏离正统的天主教教义之危险。但问题的意义不在于从某个角度指明这种指责是否公平，而在于指出利玛窦是如何自觉地选择这种有可能遭到两面（士大夫与纯洁派的教徒）批评的方法。确实，这是一种非常自觉的选择，而不是偶然的"失误"或疏忽。他曾明确指出，行善之最高动机是对上帝的服从（自然包括信仰），仅仅像宋儒那样相信"有天堂君子必登之，有地狱小人必入之"，因而自觉为君子仍然不够，还必须有对上帝的信仰。"不信上帝，其君子人与？否与？"

但为什么要花绝对多数的篇幅谈论天堂地狱之赏罚,因而给中士留下言利不义的印象,并且因此而掩蔽了关于信仰的教义呢?利玛窦的回答非常干脆而且坦率:这完全是为了"曲就小人之意"。利玛窦甚至还引用"孔子入卫欲先富而后教之"一事,以证明他自己因材施教、宣讲教义的合理性。

以道德规范与宇宙秩序、规律的一致性来论证前者的客观普遍性及至上性,从而引申出主体的"戒慎恐惧"之伦理意识和情感是朱熹理学的一个特点,这种伦理意识具有一种准宗教的特性。利玛窦将天主教道德规范之践履建立在对地狱之苦的恐惧这种宗教心理情感上,客观上迎合了部分士大夫的道德意识。事实上,有的士大夫正是由于对利玛窦的"惧"(地狱之苦)与"诱"(天堂之乐)的思考而滋长对传统道德的怀疑与批判,并理解、接受天主教义的。

除了迎合士大夫的道德意识之外,利玛窦也同样附会古代经典论证灵魂不朽和天堂地狱的存在:"盘庚曰:'失于政,陈于兹,高后丕乃崇降罪疾,'曰:'何虐朕民'?"利玛窦的解释是:"盘庚者,成汤九世孙,相违四百祀而犹祭之,而犹惧之,而犹以其能降罪、降不详,励民劝民,则以汤为仍在而未散矣。"① 我们之所以说这种引儒经以证灵魂不朽是附会性的,原因在于利玛窦对祭祖的解释与他对西方人的介绍不尽相符,在《基督教进入中国史》中,他认为中国人祭祖只是"志意思慕"的礼仪,这里,为了论证灵魂不朽,利玛窦却不失原意地认为祭祀对象(祖)能"降罪、降不详,励民劝民"。按照这种解释,已死的祖先之灵至少扮演了神的角色,也就是说,祭祖是"异教"的宗教仪式。礼仪之争中站在耶稣会对立面的传教士较为客观地注意到了这种仪式原初的宗教意味,但未注意到这一仪式的流变,因而不予容忍。利玛窦对西方人的介绍与中文著作中的解释不能保持一致,也为礼仪之争埋下了伏笔,这也说明他为了达到论证、宣讲天主教义的目的,常常使用这种附会性的因而容易引起混乱的调和之法。

当代神学家对利玛窦的传教工作常有一种缺憾感:他向中国人展示的上帝(天主)只是哲学的天主,灵魂、天堂也只是哲学意义上的灵魂、天堂。也就是说,利玛窦的附会性证明其宣讲中"自然理性"色彩太浓,诉诸《圣经》和启示的地方太少。在他的中文著作中,关于"三位一体"、"耶

---

① 《天主实义》,圣路易斯大学一九八五年印行的英汉对照本,一七四——一七六页。

二、耶教如是说

稣受难复活"等启示真理很少见到。客观的研究者自然没有理由和义务总结利玛窦传教工作之得失并进而拟就更有效的布道、归化之方,重要的乃是透过这些现象考察其背后的原因。客观地说,利玛窦的做法既顺应了当时部分士大夫的宗教、道德意识和情感,同时也在某种程度上满足了部分士大夫在这方面的需求。在主观上,利玛窦也贯彻、体现了中世纪占统治地位的阿奎那神学理论。与阿奎那同时的一些经院哲学家如邓斯·斯科特坚持认为理性不是万能的,在他看来,不仅三位一体、道成肉身等教义,而且上帝的理智、预定、人的灵魂不朽都是理性无法加以把握和论证的,它们都是超理性的,属启示真理的范围,而托玛斯·阿奎那则强调上述教义虽是超理性的,但并不违反理性,有些教义如灵魂不朽、上帝存在是可以通过理性认识并加以证明的,阿奎那尤其强调伦理的思辨价值,这些特点显然与对亚里士多德哲学的运用有关,宗教史家认为正是这种所谓唯理智论构成了阿奎那神学经久不衰的原因。在认识到《圣经》的权威对中国人毫无意义后,利玛窦自觉地采用了"自然理性"(阿奎那)证明法和附儒合儒之法。

明末思潮、士大夫的精神关切及中世纪正统神学等因素,还有利玛窦主观上所作的一些判断,都是构成其传教方法的背景。

（五）"人性之善不可疑"

一九六三——九六五年，罗马天主教会召开了第二届梵蒂冈大公会议，强调天主教与各种宗教之间的对话，成为这次大公会议的主要精神之一。此后，一些神学家和宗教学家更积极地试图在天主教与儒教（学）之间寻求结合点。有些论者认为道德领域中的善恶问题是耶儒之间的最佳结合点，并认为基督教中有足够的人文主义与儒学人文主义展开深入的对话。对这些提法我们也许会有异议，但从中可以看出：随着形势的变化，天主教已不可能再保持它较严格的排他性了。

客观地说，天主教中最早具有这种所谓宗教宽容精神并与儒学就人性和道德问题展开对话的，当推利玛窦。利氏初来中国时即发现伦理学是孔子所代表的儒学之核心，士大夫们经常探讨人性问题更使他认识到这一问题的重要性。万历中期，士大夫中间曾发生过一场关于人性问题的论战，以管志道、周汝登、陶望龄为代表的王学末流力倡阳明"无善无恶心之体"，顾宪成、高攀龙等人则崇尚"实学"，以性善为宗，于"无善无恶"四字驳之甚力。利玛窦在南京时，在

二、耶教如是说

一次聚会上逢上这一争论在士子僧徒中之余绪,并从天主教神学立场表述了他的观点:"我们必须把天地之神看作是无限地善,这是不容置疑的,如果人性竟是如此之脆弱,乃至我们对它本身是善是恶都怀疑起来的话……那么,我们就必须承认,神究竟是善是恶,也要值得怀疑了。"[①] 换言之,人性善是不容怀疑的。

一般地,鉴于基督教强调人的堕落(原罪),尤其是因为奥古斯丁强调人类始祖由于滥用自由意志而堕落,人性自此腐坏了,人类丧失了以自由意志选择善的能力,此后的自由意志只是选择恶的自由意志,人不能通过自由意志择善行获救,只有靠上帝的神恩——随意、神秘而又不可解的拣选才能使人获救,这种神学理论便极易使我们认为基督教主张人性恶。其实,罪与恶是值得辨析的两个概念,原罪说指的是人类始祖偷吃智慧禁果,从而一方面获得了识别善恶的能力(智慧),同时又背离了上帝的意志,造成了人与上帝的分离,这便是人性中的原罪之最初的意义,也就是说,原罪说最初主要的还不是道德意义上的人性善恶论。当然,后来人们认为原罪使人性腐坏了,原罪说便演变成人性恶的道德

---

① 《利玛窦中国札记》,三六七—三六八页。

命题，但这个命题指的是人的现实之性是恶的。据研究，利玛窦生活的时代流行的人性论认为人性包括三阶段：原初之性，它是上帝按照自己的形象创造人类始祖时赋予的人性，善；堕落之性，恶；得到救赎之性，是人因上帝之圣宠而得到新生的人性，善。从上段利玛窦对西方人的说明来看，他基本上接受了这种人性论，但这种论述主要见于他的西方著作中。

还必须说明的是：利玛窦时代在天主教内部占统治地位的阿奎那神学理论中的人论，对利氏在中文著作中的论述影响颇大。阿奎那强调人是理性的动物，认为"人类行动的准则和尺度是理性，因为理性是人类行动的第一原理"，"力求按理性行事乃是人所特有的……理性是从一般原理出发以达到琐细的事项的"①。利玛窦的性善论，正是从以上人性三阶段说与强调理性的托玛斯·阿奎那的神学理论出发的。

利玛窦将他的性善论建立在严格的定义基础上，他将性界定为"各物类之本体"，认为只有形式与质料才能共同构成事物的本质，人与自然物虽然都是由形式与质料构成其本质的，却仍然是有差别的，人与物的差别在于形式之别，即实体形式与非实体形式之别，实体形式具有精神性，只有神、

---

① 见《阿奎那政治著作选》，商务印书馆，一九六三年，一〇四、一一二页。

天使、人才具有实体形式，人的实体形式即是人的理性灵魂，它既具有精神性，也具有实体性，因而不朽不灭，而自然物皆属非理性存在，它们的形式是非实体形式，这种形式不具有实体性，只是与物相联系而存在，一旦构成物毁坏了，这种形式也就不再存在了。利玛窦基本上吸收了这种思想，他将具有非实体形式者译为依赖者，将具有实体形式者译为自立者，"物有自立者，而性亦为自立；有依赖者，而性亦为依赖"。其意谓具有实体形式者，其性（本体）亦能独立存在，具有非实体形式者，其性则不能独立存在。

利玛窦复将善界定为可爱可欲，这与《孟子·尽心下》所谓"可欲谓之善"颇为相似。

在以上定义基础上，利玛窦阐述了他的性善论，他将人界定为："生觉者，能推论理者"，人因为有生而区别于金石，因有觉而区别于草木，因能推理而区别于鸟兽，利氏断言："能推论理者立人于本类，而别其体于他物，乃所谓人性也，仁义礼智，在推理之后。"其结论是："若论厥（人）性之体与情，均为天主所化生，而以理为主，则俱可爱可欲，而本善无恶矣。"利玛窦这里所阐述的人性论其实是就人与自然万物的区别而言的。所谓能推理实质是人的实体形式——灵魂的功能，除却其中的宗教因素不论，在一般意义上，能推理是人的类本质，利玛窦把它（能推理）界定为人性。利玛窦还谈到人性在原罪（堕落）中腐坏了，这表明他接受了当时认为人性就其现实性而言是堕落之性，即人性恶，但在中文著作《天主实义》中，利玛窦则以人的本质为人性，并且在"原初之性"的意义上断定，这种能推理之性是"天主所化生"的，因而是善的。在整个第七篇中，利玛窦没有提及原罪问题，性善论是他论证的主题。

在儒学的历史上，荀子曾以为人之所以为人，在乎人能辨能知，从而在知识论而不只是在道德理论的基础上，将人与自然万物区别开来，但荀子并未因此而主张性善论，相反，他的人性论是众所周知的性恶论。因此，我们或许可以说，儒学史上很早就有人将人的本质与人性做过区分。曾经援引荀子思想资料的利玛窦对此不会一无所知。但利玛窦意识到人性问题对士大夫们来说是个敏感的问题。因此，他对原罪的解释是模棱两可、含混不清的，并只强调性善。这种做法的意图显然是想与主张人性善的正统儒学调和。但这种调和仍只是形式上的，其内容却与正统儒学大异其趣。朱熹试图从人性与宇宙的客观秩序、规律（天）的合一性出发，论证道德规范的客观普遍性及至上绝对性，其论以为性即理，而"这个理在天地间时，只是善，无有不善者。生物得来，方始名曰'性',只是这理,在天则曰'命',在人则曰'性'"①,此性即仁义礼智。

利玛窦拒斥了这种性善论,在他看来,理是依赖之品,即不能独立存在,人的实体形式是灵魂,灵魂中有司明悟之能,正是灵魂这种实体形式的司明悟(能推理)之能,使人成为人,并因此而成为人性,而理作为不能独立存在的依赖之品(非实体形式)不能成为人性,"理也,乃依赖之品,不得为人性也"。关于理是什么,利玛窦并未做过明确解释,但从他对程朱理学的批判来看,他所理解的理也许是作为事物之本质、形式的理,其言曰:"无物之先,不得有理","有物则有物之理,无此物之实,即无此理之实。"从哲学意义上讲,利玛窦所论述的理物之关系也许更为正确,在中世纪经院哲学中,利玛窦选择了一种温和唯名论的思想。

与"性"、"理"一样,"心"、"情"也是宋明理学中最常见、最重要的范畴,利玛窦为了适应士大夫们的认知结构和语言及思维方式,对这些范畴实行全盘拿来主义。在讨论道德行为之善恶时,他将恶定义为善的缺乏,"恶非实物,乃无善之谓"。这无疑是奥古斯丁的宗教道德观念,后

---

① 《朱子语类》卷五。

者认为"恶并非实体,而是败坏的意志叛离了最高的本体(天主)……而自趋下流"[1]。利玛窦承袭了这一思想,但也作了根本修改。奥古斯丁只探讨恶的来源问题,因为在他那里,人由于原罪已丧失了以自由意志选择善的能力。利玛窦则以自由意志作为道德行为善恶(不只是恶)的原因:"至论其(性)用机,又由乎我,我或有可爱,或有可恶,所行异则用之善恶定焉","天下无无意于善而可以为善也,吾能无强我为善而自往为之,方可谓善之君子。"这里并没有"自由意志"这个概念,但关于行为之善恶源于自由意志的思想却是很明显的。不过,利玛窦并不满足于这种对奥古斯丁思想的承袭和修改,而是积极地、顺应性地选择和运用儒学的思想观念和语言。他本可以通过宣讲基督教关于自由意志的教义而详尽地探讨关于善恶之问题,但他却自觉地转向论"情",以情为性之所发,为性之足。在他看来,本性自善,因为它是常存之良能,但情作为性之所发、性之足,时著偏疾,"性情之已病,而接物之际娱感而拂于理,其所爱恶,其所是非者,鲜得其正,鲜合其真者"。这里,正因为人性是作为人的类本质的能推论理之良能,人性之为善也就既具有知识论意义,

---

[1] 奥古斯丁:《忏悔录》,商务印书馆,一九八二年第三版,一三〇页。

二、耶教如是说

也具有道德意义,因而性所发之情若著偏疾,就既会是非不真(认识),也会爱恶不正(道德),于是便产生误与恶。

如上所述,利玛窦在具体内容上拒斥了朱熹以仁义礼智为人性的性善论,但这并未排除他利用朱熹(理学)讨论问题的语言乃至一些观念。上述对善与恶的产生之探析中,利玛窦自觉或不自觉地吸收了朱熹理学中的思想内涵,或至少表现出与朱熹理学在某种程度上的相似性。在朱熹主敬穷理的心性论中,性为未发,情为已发,利玛窦亦以情为性之所发;朱熹倡心主性情,不然则会"昏了天性",利玛窦则认为性情均会著偏疾;二者又均认为这种"昏""病"无碍于称性为善,朱熹之天性是理,理只是善,利玛窦则认为性情已病,接物之际虽拂理,爱恶是非虽不正不真,但"亦无碍于称之为善";朱熹的主敬穷理之心性论既可以提高人的精神境界,也为穷理致知准备了充分的主观条件,利玛窦的人性论和道德理论也包含这两方面的意义。另外,朱熹的道德哲学中存在着理与欲的对立(当然朱的目的是达到二者的和谐与统一),利玛窦则以人心与兽心凸显这种对立,他甚至撷拾理欲这对范畴:"纵欲者日众,循理者日稀,(天主)于是大发慈悲,亲来救世……"在论述理欲对立时,二者强调的都是作为道德规范的禁欲主义,但很显然,当利玛窦几乎像一个理学家那样讨论理欲问题时，他却背离基督教关于灵魂与肉体对立的重要教义，因为既然理在利玛窦看来不是人性之内容，不是自立的实体形式，那么理欲这对范畴就不具有灵与肉所包含的宗教意义，"理欲"不能取代"灵肉"。

我们已经指出，当利玛窦向士大夫证明上帝存在、灵魂不朽等基督教的核心教义时，他一方面诉诸自然理性，另一方面也诉诸古儒；而一旦他讨论人性及道德问题时，他虽然试图坚持正统的基督教神学理论，但为了适应士大夫的认识结构和道德意识，利玛窦又不得不在语言、观念上附会宋明理学（当然也有拒斥），这乃是由于人性与道德问题的或多或少的世俗哲学的本性及理学在某些问题上的理论力量所决定的。认为利玛窦与中国文化调和的成功之处在于他自觉区分古儒与近儒，与古儒附会，全面批判拒斥近儒（宋明理学），至少是有失偏颇的结论。利玛窦不仅附会古儒，也自觉适应近儒；不但批判近儒，也批判古儒，也就是说，利玛窦对中国哲学（儒学）的批判和与儒学的调和带有全面性。

这种调和的复杂性及其所产生的混乱，其原因乃是利玛窦常动摇于妥协与不妥协之间。儒家道德哲学的核心内容之一是性善论，如果利玛窦附会荀子的性恶论，而又坚持人的类本质是能推理论，那在理论上将是很方便的，但他却基于对儒学性善论在儒学中的重要性之认识,在形式上选择了正统儒学中流行的性善论(妥协),而在内容上则坚持了托玛斯·阿奎那的人性论(不妥协),同时却又不得不忽略了基督教的原罪说(妥协);他本应坚持灵魂与肉体对立的教义,在强调这种对立中阐明基督教的禁欲主义,他也确实在某种程度上坚持了这一教义,《畸人十篇》中对现世感官生活之乐的鄙弃,对来世得救灵魂之永福的铺陈均是例证。但当他借用宋明理学中的理欲这对为士大夫们所熟悉的范畴时,他又在与理学的附会中背离了基督教义。

(六)"太极不能为万物本原"

利玛窦虽然对儒学多有肯定和赞扬,并自觉附会儒学进行传教,但在《天主实义》等对话体中文著作中,他也常常诉诸批判的武器对付儒学中与基督教不相容的观念和思想。

《旧约·创世纪》开篇即向人们描述了全能的上帝创造宇宙、万物及人类的过程,中世纪正统的基督教神学家除了按照托勒密理论构造一个封闭的宇宙体系以外,较少从发生论或本体论的哲学角度探讨宇宙的生成、变化及其规律。如果只是简单地向士大夫宣讲这种创世说,利玛窦亦会拒绝进行这类哲学探讨,但他深知他所面对的是一个经过理学无神论洗礼的知识阶层，神秘的创世说是极难为人接受的，除了笼统地向士大夫谈及上帝最初开辟天地，生亚当、夏娃为世人之祖外，他并不醉心于精细地描述那幅创世的画面。但即使再多地向中国文化妥协，他也不能放弃万能的造物主——上帝这一信仰对象。于是，除了批判理学的宇宙论，试图消除其影响并阐述造物主这一观念以外，利玛窦的确别无他法。

这种批判实即是有神论对无神论的批判，但它的意义却在于中世纪经院哲学与宋明理学的对话。

利玛窦曾采用类似于老子的方法对不可思议、不可说的上帝（天主）做过描述：天主无始无终，无形无声，其能无毁无衰，其知无昧无谬，其善纯备无杂，其思无所不及。总之，人的一切世俗力量的集中外化，构成了天主的全知全能。利玛窦基于误解，简单地拒斥了佛道的本体论或宇宙生成论，但当中士提出太极（理）为万物之本原时，利玛窦则不得不小心翼翼地予以应付。一方面，他不能接受宋明理学中以理为本的宇宙生成论或本体论，这是创世说的绝对排他性所决定的；另一方面，他又不能断然地全面否认"太极之说"的理论意义，这是其附会儒学、不伤害士大夫之策略所决定的。这便意味着他的批判将带有温和的色彩。

这种批判仍是以亚里士多德的形而上学为基础的。利玛窦引进了抽象的存在论，他将"物"界定为存在："'物'字为万实总名，凡物皆可称之为'物'"，理是无形之物。这里自然尚未出现"存在"这个概念，但因为利玛窦所说的物既包括金石草木等有形之物，又包括声色气味乃至"理"等无形之物，这个作为万实总名的"物"，显然是亚里士多德哲学中的"存在"概念。以此为出发点，利玛窦更进一步将存在区分为自立者（实体）与依赖者（偶性）。前者包括天地人神、金石草木等，后者则指五色、五常、五味等。他将"理"理解为事物之原理、形式，并归之于后者（偶性）。严格地说，利玛窦这里抛弃了亚里士多德以形式为第一实体的唯心主义观点，而承袭了阿奎那的两种偶性观，即以色味等为实体的具体可感之偶性，以"五常"（关系）、"理"（形式）为实体的抽象一般之偶性。

为了全面说明程朱理学和陆王心学中的理均属依赖者（偶性），利玛窦作了不甚详尽的具体分析：

中国文人学士讲论理者，只谓有二端：或在人心，或在事物，事物之情合乎人心之理，则事物方谓真实焉；人心能穷彼在物之理而尽其知，则谓之格物。据此两端，则理固依

赖,……二者皆在物后……①

所谓"理在人心","事物之情合乎人心之理,方谓之真实",显然是指阳明心学而言,王阳明认为"夫物理不外吾心,外吾心而求物理,无物理矣"②,并且以此心为良知,良知是事物真实存在之根据,草木瓦石天地若无人之良知则不可为草木瓦石天地。阳明的理显然并不是依赖于物而存在的作为物这个实体的偶性,利玛窦未指明是就心理还是就理物的关系立论时,就断言理属依赖者,这显然是仓促轻率之论,但对他来说,最重要的是结论。

所谓"理在事物","人心能穷彼在物之理而尽其知,则谓之格物",则可能是针对朱熹理学而言。朱熹曾在个别地方主张"才有物便有理"、"理在气中"、"理在事中",利氏所谓之格物在文字上与朱熹《大学章句·格物补传》颇为相似。朱熹的理本有本源论和构成论两种意义,就构成意义而言,理随气具,这也许正是利玛窦所理解的理在物中;但就本源意义而言,理先气后,气(物)有生灭,理作为形而上的本质,规律(一般)则无生灭,能独立存在,甚至在

---

① 《天主实义》,一一〇页。
② 《传习录》。

二、耶教如是说

物尚未产生之前即已存在。利玛窦则将朱熹的理界定为依赖者,从而否认其独立存在的能力,这至少表现为一种温和的唯名论。

在否认太极(理)独立存在的能力后,利玛窦进一步推论出他努力证明的结论:"若太极者,止解之以所谓理,则不能为天地万物之原矣;盖理亦依赖之类,不能自立,曷能立他物哉?"① 这里显然存在着一种过渡,即从本体论向宇宙生成论的过渡。其逻辑是:理作为依赖者,自身不能独立存在,也就不能作为他物存在的依据,因而也就不能为万物之原。应该说,这种对理学的批判继承了亚里士多德形而上学中唯物主义成分,因而具有一定的合理成分,但其目的则是为了论证创世说这一神学结论。

利玛窦同样批判了理在物先,因为理既为依赖者,不能自立,无物之先,理只能赖空虚而立,则不免偃堕。理的依赖性表现在它与物的关系上:"有物,则有物之理;无此物之实,即无此理之实。"这种批判可以说是中西哲学中的唯物主义结合的产物,所谓理为依赖者源自亚里士多德哲学,所谓理若先于物则不免偃堕则是纯粹中国化的哲学语言和观

---

① 《天主实义》,一一〇——一二页。

念,其源或可见于王廷相、罗钦顺的哲学思想中。如上章所述,在利玛窦与儒学所作的会合中有附带性的批判,这里则相反,在对儒学的批判中又有附带性的调和,批判与调和是相互结合的。

利玛窦还否认理有动静、有意、有灵觉,因而它不能根据自己的意志控制动静而生物,更不能生出有灵觉之物。这种批判同样遭到中国士大夫之驳诘:太极(理)并非动即须臾生物,而是先生阴阳二气,然后化生天地万物,而且理动而生阴阳,其间自然有灵觉。利玛窦的反驳则诉诸经验和终极因理论:既然理生阴阳后再生万物,今有车理在此,为什么阴阳二气不生一车于此?理既无意志,此时之不生自然不是自己控制着自己不生;即使理有灵觉,它又从何而来?这种驳难、批判的理论前提,仍然是先验的形而上学的命题:事物生成、变化及其性质之根本原因不在事物内部,只能从一个全能的作为终极因的第一推动者那里去寻找。这种超自然主义的世界观与中国士大夫们熟悉的有机的自然观始终是格格不入的,士大夫们熟悉的解释宇宙生成变化的理论是理一元论或气一元论。气一元论姑且不论,即便是理一元论中的太极(理),它虽为形而上之道,具有一定的超越性,是生物之本,但它与形而下之器(气)仍不即不离,朱熹之理

二、耶教如是说

学已属较玄远的形上学了，尚且强调超越之道与形而下之器不即不离，我们可以想象，对固有传统的执着将会使士大夫们认为并不需要一个绝对超越的外在的神，以作为他们的宇宙观的最后依据。

"太极"（理）作为正统理学中的核心范畴，可以说类似于上帝（天主）在基督教教义中的作用，它是士大夫们用来解释宇宙、人性、道德的支柱，全面否定、拒斥这个范畴将意味着造成"天学"与儒学的全面、尖锐的对立，利玛窦对此有清醒的意识。因此，他又不得不作抽象的、语焉不详的肯定："夫太极之理，本有精论，吾虽曾阅之，不敢杂陈其辩，或容以他书传其要也。"[①] 但我们并未发现利玛窦以他书（中文著作）传太极之理之精要。颇有意味的是，在《天主实义》刻印一年后，利玛窦写信给耶稣会总长（一六〇四），对"太极之理"作了较为全面的解释：

此种太极论是一种新的论说，它产生于五十年前（年代显然有误——引者）。如果你仔细考察，它在某些方面同中国古圣人的说教是矛盾的，后者对上帝有更为正确的概念。倘按时下所说，我认为太极不过是我们的哲学家所说的原动

---

① 《天主实义》，一二〇页。

问题,因为它绝不是一种实体,他们甚至说它不是一种事物,它贯穿于万物。他们说它不是一种精灵,它没有悟性。尽管有人说它是万物之理,但他们所说的理不是某种真实的或智力的东西,而且与其说是一种理性的理,不如说是推想的理。事实上,问题不仅仅是他们各有各的解释,而且还有很多荒唐的说法。因此,我们认为在这本书(《天主实义》)中,最好不要抨击他们所说的东西,而是把它说成同上帝的概念相一致,这样我们在解释原作时就不必完全按中国人的概念,而是使原作顺从我们的概念。同时,为了不冒犯统治中国的士大夫,我们宁可对各种解释提出不同看法而不针对原理(太极)本身。而如果最后,他们终于理解太极是基本的、智力的和无限的物质原理,那么我们将同意说这正是上帝。①

这封信几乎道出了利玛窦对待儒学的实用主义态度中全部策略性秘密。确实,在与中士讨论太极之理时,他努力向中士证明太极(理)之说虽是探讨原动问题的,但太极(理)不是实体,没有理性灵魂、意志,即不能像上帝一样创造世界,化生万物,但当中国士大夫坚持太极(理)能动、有灵觉并化生万物时,利玛窦又妥协地作出让步:"如尔曰理含万物

---

① 《中国文化与基督教的冲撞》,十七—十八页。

二、耶教如是说

之灵,化生万物,此乃天主也,何独谓之理,谓之太极哉?"也就是说,利玛窦并非不同意将太极说成是上帝,如果赋予它类似于上帝的性质或功能的话,这样便使二者在貌似的一致中,达到了利玛窦"使原作顺从我们的概念"的目的,对理学的批判所达到的结果竟是一种奇特的妥协和调和。

对儒学的理解及批判成为利玛窦在中国存在、活动的方式,而作为这种理解的先决条件的"先见",则是利氏本人在欧洲殊异的中世纪基督教中获得的特殊的历史存在状态。在利氏的"先见"中最重要的乃是存在于拉丁语(语言)中的一系列传统观念:作为信仰对象的全能的上帝、不朽的因而成为人们赖以得到救赎之基础的理性灵魂等等。这种表现为传统的西方历史文化的"先见"预先占有了利玛窦神父的心智,成为他理解、批判儒学的"视界",当他带着这种作为其特殊的历史存在状态的"视界"面对另一个民族的哲学、文化典籍时,他既摆脱不了他自身的"先见",同时又不能随心所欲地将自身的特殊存在形式,强加给具有另一种迥异之"先见"的士大夫,剩下的唯一途径,只能是在对儒学的历史文化的理解中达到与士大夫"视界"的融合,从而形成真正的彼此理解。这就是为什么上述利玛窦对儒学的批判竟以调和为结局的原因。这种结局也表明了儒学基督教化的可能性。

可能性变成现实并非易事。利玛窦对儒学的理解固然可以持有"合法的先见",也可以不追求把握儒学的原意,但当士大夫们也以同样的态度来对待基督教时,其结果便可能是:或是创造一种两种视界融合后的产物即儒学化的基督教,或是全面拒斥之。

(七)"万物不可为一体"

利玛窦等输入的基督教教义从发生学意义上讲,乃是古希腊哲学中重对立、差别的思维方式极端化的产物。天国与尘世、邪恶的肉体与不朽的理性灵魂的对立构成基督教内心张力的基础。被这种"先见"占有的利玛窦不可能把他的"视界"完全融入宋明理学的视界中。后者的"先见"中最根本的一个观念——泯除一切差别的"万物一体"论,于是成为不可融合的批判对象。

利氏以分析的态度意识到"万物一体"论中包括以下几种关系:物与魂、天与人、天与物、人与物、人与人、物与物,他一一辨析了这几种关系不能以"一体"论之的理由。

在讨论天人、天物关系时,利氏借与之对话的中士之口提出一种基督化了的儒学天人、天物合一论:"吾古之儒者,

二、耶教如是说

明察天地万物本性皆善,俱有宏理,不可更易。以为物有巨微,其性一体,则曰天主上帝即在物内而与物为一,故劝人勿恶以玷己之本善焉,勿违义以犯己之本理焉,勿害物以侮其内心之上帝焉。"① 此论实即"物物各具一太极"的改装,即以万物之性体是"宏理"(太极),故皆善,而且此理即是万物之内的天主。此论实非古儒之论,而是朱熹思想的基督化形式。即便这种天人、天物合一论采取了基督化形式,在利玛窦看来亦是异端之论:所谓天(主)人一体是人心傲慢之邪见,天(主)能生万物,人则不能。至于天(主)物合一论只能有以下三种形式:①天主即物;②天主在物之内而为其内分;③物为天主所使。若以天主即物,则会否认事物之间的差别,也就否认宇宙有万物,物物之间相互戕害之情亦难以解释。若以天主为物之内分,则会导致万物之原小于其所生之物的分大于全的逻辑错误。物为天主所使则如物为工匠所使,亦不可一之。严格地说,这种对天人、天物合一论的批判并无多少理论意义,其前提是天(主)生物生人的创世说。

在考察人物、物物关系时,利氏便利地采用了荀子划分

---

① 《天主实义》第四篇。

类的方法以证各类事物之差异:"分物之类,贵邦士者曰:或得其形,如金石是也;或另得生气而长大,如草木是也;或更得知觉,如禽兽是也;或益精而得灵才,如人类是也。"①利氏引《荀子·王制》中的思想之目的是想在与古儒的附会调和中,将精神与物质的对立观引进人物关系之中,同时强调自然万物之间的差异。确实,在孟荀等古儒的思想中,均曾突显人之异于禽兽的道德或类本质,荀子强调物物、人物之差异的思想更是明显。但"天人合一"、"万物一体"的观念在宋明各种形态的道学中均甚流行,这种观念不论具有何种意义(本体论或境界观),都是以牺牲事物的特殊性和差异性为代价的,因而与古儒"天地之性人为贵"迥异其趣。朱熹曾意识到,所谓人物各具一太极,天人和人物一于理将与孟子以来儒家强调人物本性差异的传统发生尖锐的矛盾,为了克服这种矛盾,朱熹从理同气异、理异气异等方面阐述过人物有差别的思想。在与士大夫的讨论中,利氏遇到了这种思想在明末的影响。利氏引中士言曰:"虽吾国有谓鸟兽之性同乎人,但鸟兽性偏而人得其正。虽谓鸟兽有灵,然其

---

① 《天主实义》第四篇。

二、耶教如是说

灵微渺,人则得灵之广大也,是以其类异也。"① 与利氏对话的中士之论述显然袭自朱熹人物之性理各有偏全的思想,其旨在于说明人物之性虽同于理,但仍可据其禀理之偏全而加以区分。但在利玛窦看来,所谓正偏、大小不足以区别物类,仅可以用来区别同类事物之等级。所谓大山、小山仍属山类;得性之大者智,得其小者愚,得其正者贤,得其偏者不肖,但智愚贤与不肖者仍属人类。客观地说,虽然利玛窦以能论理为人赖以区别于物的类本质仍属抽象的人性论,但他强调人物各自的特殊性及差别则不无合理之处。这种来自西方哲学的观念无疑对朱熹以理为世界之本原、本体,并以之为世界的统一性之基础的正统儒学构成一种挑战。

以气一元论为基础的"天人合一"、"万物一体"论也受到了利氏的批判。在与基督教的对话中,中士着重阐述了以下思想:儒学虽云天地万物共一气,然物之貌象各不相同,故观象可以验类。其旨在于说明"吾儒"仍能将一体之万物区分开来,这无疑是持万物一体(共一气)论的儒者对坚持差别、对立原则的"西儒"的哲学批判之回应。利氏则着力指出观象不足以验类,只有据性才能分物,这样做的意味是:

---

① 同上。

既然气一元论中的观象验类不能成立，则万物共一气的万物一体论也不能成立。他还引进古希腊哲学家恩培多克勒的四根说，指出气只是构成万物的四种质料因之一，因而万物不能一体于气。这种批判无疑是建立在中西哲学中的两种气论的差异之上。阳明心学中"万物一体论"也受利玛窦的批判。中士据阳明《大学问》中的思想，试图从本体论上解决在何种意义上人、物皆一这个问题："中士曰：谓同体之同也。曰：君子，以天下万物为一体者也；间形骸而分尔我，则小人矣。君子一体万物非由作意，缘吾心仁体如是。"① 这显然是对阳明所谓"其心之仁本若是"的具体阐发，其旨在于说明与天地万物为一体是人心之本来状态。利氏对这种"万物一体"论采取了温和态度，肯定其动机是前世之儒"翼愚民悦从于仁"，但此种"一体"应释为一原（天主），如果真以为万物一体，反而灭仁义之道，利氏仍坚持西方哲学中主客体对立分离的思维方式，认为道德实践是以主客体的分离存在为前提的，必须有行为主体及受施之客体，仁爱等道德行为才是可能的。而且若以"万物为一体"，则道德责任亦难以究清。

综上所述，利玛窦对宋明理学中三种形态的"万物一体"

---

① 《天主实义》第四篇。

二、耶教如是说

论给予了较为全面的批判。当利氏论及天人、天物关系时,创世说的阴影几乎遮盖了所谓理性分析的明晰。当他考察人与物、物与物的关系时,他力图使士大夫接受如下西方哲学观念:实然世界充满了差别和对立,这种差别和对立使得事物非此即彼,也正是人与物、物与物、人与人的分离、差别和对立才使得道德行为成为可能,才使得世界成为审美对象。这种坚持差异和对立的知性思维方式成为利玛窦批判儒学的根本原则。在这种批判中表现出利玛窦神父对儒学的深刻隔膜,即他没有意识到也无法理解到他所批判并试图取代的乃是士大夫们孜孜以求的一种具有超越意义的人生境界。理学家们并非不关心实然世界中的哲学问题,但他们更关心的乃是作为宇宙之一员的人应该具有什么样的精神生活才能达到理想人格的完成。对他们来说,对应然世界的探寻比对实然世界的分析、考察具有更高的价值。张载的气一元论并非不讨论实然世界的状态,但他追求的"民胞物与"(泯物我之别,合内外之异)之理想成为士大夫生活极则。程伊川所谓"仁者浑然与物同体",阳明通过去有我之私和克物欲之蔽所达到的与天地万物为一体,均是一种与物无对的神秘人生境界。造成利氏与这种境界观的隔膜的原因,既有中西思维方式的根本差异,也由于利氏对中世纪后期那种强调宗教是一种内心生活、注重个人体验的神秘主义"异端"持批判态度,这使他难以理解与神凡合一具有外观上相似性的"万物一体"、"天人合一"等观念。但客观地说,虽然利氏以分析的态度提出的"物以性分"、"施仁行义必待有二"等命题是以中世纪哲学的外观呈现给士大夫的,却有助于认清儒学的一个特征:将事实与价值混为一谈,最终以对价值的笼统描述和追求代替对事实的考察与分析。从这个角度审视利氏对"万物一体论"的批判,也许有益于今人对儒学的反思和用藏取舍。

(八)三教合一——"折断天下之心于三道"

绝对排斥、对立的观念在中国哲学、文化思想中是不多见的。在处理各种宗教的矛盾时,绝对排他的观念在实质上也很少支配某派教徒的精神生活。所谓绝对真理、唯一真教是明末士大夫们不熟悉甚至难以接受的观念。诚然,历史上有过儒释道的激烈冲突,利氏着力批判的宋代理学就是以批判佛老异端、继承儒家道统为旗帜的,但这并不妨碍理学家在实质上吸收二氏思想,矛盾和冲突常常是以貌离神合或公开标举的融合为结局的。明末致力于三教融合的思想家更是大有人在。晚明心学殿军焦竑自认为"学佛而后知儒",他对佛教的偏爱立足于一种颇为宽容的理性精神,即认为天下之道只有一个,不论哪一学派或教派,只要它有识于此道,便应承认并吸取。三一教主林兆恩则融合三家建立了三一教。与利玛窦有多次交往的李贽亦主张三教归一:"儒释道之学,一也,以其初皆期于闻道也。"[①] 李氏之论具有反封建正统的性质,曾大有助于明末之思想解放。这一点可见于高攀龙对三教合一的批判。后者批判的虽是王学末流管志道等人的思想,但其目的则在于恢复受到王学冲击的程朱理学的正统地位。他相信正统儒学的完满性,认为"孔子道无亏欠,本不须二氏帮补"[②]。高氏之论倒表现出儒学一派的排他性。

利玛窦对部分儒者提倡的三教合一的批判适逢其时。姑不论其出发点如何,他至少是试图激发正统士大夫在这个问题上的共鸣,而且在某种程度上还达到了这一目的。礼部侍郎冯琦在与利氏论道时,极力铺陈人世之苦,然后慨而叹之:"然则人之道人犹未晓,况于他道?而既从孔子,复由老氏,又从释氏,而折断天下心于三道也乎?"[③] 据利玛窦称,冯琦"大有志于天主正道……又数上疏,排空幻之说,期复事

---

① 《续焚书》卷二《说汇》。
② 《高子遗书》卷四。
③ 《畸人十篇》第二篇。

上主之学于中国诸庠"①。这也许是利氏附儒排佛策略的一个小小的胜利。

所谓三教合一"折断天下心于三道",也正是利玛窦所欲表达的观点。不过,他的目的是论证天主教是至公至真的唯一真教。在对三教合一的批判中,利氏非常熟练地运用了西方哲学中非此即彼的形而上学思维方式。他论证道:"三教者,或各真全,或各伪缺,或一真全,而其二伪缺也。苟各真全,则专从其一而足,何以其二为乎?苟各伪缺,则当竟为却屏,奚以三海蓄之哉?使一人习一伪教,其误已已甚也,况兼三教之伪乎?苟唯一真全,其二伪缺,则惟宜从其一真,其伪者何用乎?"②基于这种非此即彼的逻辑,利氏称三教合一为"妖怪",此妖在利氏看来不仅在逻辑形式上,而且在内容上都是不可调和的:"三教者,一尚无,一尚空,一尚诚,有焉。天下相离之事,莫远乎虚实有无也。借彼能合有与无、虚与实,则吾能合水与火、方与圆、东与西、天与地,而天下无事不可也。"③将儒学与佛道二氏的矛盾描述为崇实(诚与有)与贵虚本无的冲突,这至少在形式上与顾宪成、高攀龙、

---

① 《畸人十篇》第二篇。
② 《天主实义》第七篇。
③ 同上。

二、耶教如是说

徐光启等人为倡导实学而展开的对佛道的批判取得了一致,它或许正是部分士大夫以"天学"为实学并为之辩护的原因之一。

在陈述三教的矛盾冲突不可调和的理由之后,利玛窦自然不会向士大夫表明只有儒学才是唯一正道。在向西方人介绍儒学时,他曾指出儒学与天主教"真理"没有任何冲突,但与士大夫言,利氏对儒学的真理性并不如此肯定:"二氏之谓,曰无曰空,于天主理大相刺谬,其不可崇尚明矣。夫儒之谓,曰有曰诚,虽未尽闻其释,固庶几乎?"[①]儒学崇有贵诚,真否正否?只是差不多之说罢?这显然是对儒学的一种不得已的温和宽容态度。作为一名传教士,他不甘让士大夫取儒学之道。故其言曰:"于以从三教,宁无一教可从。无教可从,必别寻正路……不学上帝正德,而殉人梦中说道乎?"[②]这里隐含的命题是:只有上帝正德才是唯一正道。在批判三教合一时,将士大夫引向上帝的怀抱,这自然成为利氏的真正目的。但利氏在理论上达到这个目的的手段却是自觉地、适时地选择的结果。"三教合一"的思想融合作为中

---

① 《天主实义》第二篇。
② 《天主实义》第七篇。

国文化史上特有的现象,表现了一些思想家的理性宽容精神。由于这种现象的公开性,它有时在客观上有利于突破封建正统文化之樊篱,这种积极意义在李贽那里表现得尤为突出。但以东林党人为首的思想家则从强烈的现实感出发,以其颇具战斗性的檄文声讨部分士大夫贵虚本无、逃禅出世所导致的虚症,以此为他们力倡的实学廓清理论上的障碍,其现实意义在于挽救国危民艰之颓局。思想界这种矛盾交错的现象使其具有实质上的一定开放性,利氏对三教合一的批判因这种客观情势而成为可能。也正是在这种意义上,我们可以说利玛窦至少在形式上参加了明末文化思想的重新分解和整合,这种参与使得部分士大夫积极与利氏等人结交,并以"天学"为实学而接受之。

(九)"吾尝笑且惜彼经国之士"

在对宗教进行类型比较研究时,马克斯·韦伯曾认为儒学(教)"完全代表一种俗人的入世道德,其旨在于适应世界,适应世界的秩序与规范"。这种入世倾向同时是理性主义的,所谓治国平天下最能表明儒学的入世倾向,而"子不语怪力乱神"则表明儒学漠视神秘魔术的理性主义倾向,当然,这种理性主义和入世倾向都是非常不彻底的。经过宗教

二、耶教如是说

改革后的新教则属于一种入世的禁欲主义,其特征是以介入世界的态度,借助日常生活中的实际劳作作为一种禁欲方式而达到救赎。"对世俗活动的道德辩护是宗教改革最重要的后果之一"①,这一点在清教徒那里表现为在实践中认为"唯有劳作而非悠闲享乐方可增益上帝的荣耀",并且"更进一步将劳动本身作为人生的目的",这样,"虚掷时光便成了万恶之首,而且在原则上乃是不可饶恕的罪孽……时光无价,因此虚掷一寸光阴即是丧失一寸为上帝之荣耀效劳的宝贵时辰。如此,则无为的玄思默想当是毫无价值,而如果它是以牺牲人的日常劳作为代价换来的,那么它必须遭到更严厉的谴责②。"在韦伯看来,这种以劳作为天职的观念构成资本主义精神之兴起在宗教伦理上的前提。

在利玛窦的中文著作中,我们同样发现他对时间持珍视态度,以虚掷时光为罪孽。在与吏部尚书李戴的交谈中,利氏曾阐发这种对时间的宗教热忱:"君子为日有正用而恒自惜日","凡有日,不聊用寡汝过,不聊用增汝德,即此日也,可谓日之不祥。"③这些论述并未暴露出天主教与新教和儒

---

① 《新教伦理与资本主义精神》,三联书店,一九八七年版,六十页。
② 同上书,一二三——二四页。
③ 《畸人十篇》第一篇。

家伦理的根本冲突,甚至可以说包含一些关于人生的真理之光,但只此而已。一旦利氏阐述关于珍惜时光的方式和目的时,天主教与新教和儒家入世伦理的根本冲突便显露无遗。其言曰:"昔吾乡有一士,常默思对越天主,矜以行事仰合其旨,不得为俗所脱。一日,值事急,茫然一辰,忘而勿思,既而猛醒,即悔叹曰:'嗟嗟,尽一辰弗念天主,如禽兽焉'。"①默思天主,一时不可忘,一时忘思便为草木禽兽,这种珍惜时光的方式无疑会导致对俗事的否定:"世人昏愚,欲于是为大业,辟田地,图名声,祷长寿,谋子孙……岂不殆哉?"②新教认为无为的玄思默想毫无价值,而利氏所宣讲的天主教义则不惜以牺牲一切俗事为代价去存念默想天主之恩德。当俗事妨碍默念时,则必笑且惜之:"吾尝笑且惜彼经世之士,谋安而溺于瞩,努力攻苦以立功增职……以苦市苦……今子(指龚大参)谋归田耶,归而能竟却人缘,专务一己生死大事,则得矣。"③这是对明末士大夫经世思想最根本性的否定和批判。为了存念天主并得到个体救赎(务一己生死大事),天主教传教士鼓励士大夫归田逃世,竟却人缘。中世纪修道

---

① 《畸人十篇》第一篇。
② 同上。
③ 《畸人十篇》第八篇。

院中的僧侣主义正是以这种方式出世禁欲的,它的本质是对世俗活动之价值的根本否定。

利玛窦在私人信函中称他曾驳斥儒、释、道三教,同时对"本世纪(指十七世纪)有不遵循传统提倡的新奇思想,也不客气地加以驳斥"①。这里的"新奇"思想可能既包括李贽等人融会三家而倡发的叛常之论,也包括当时的经世实学。但何以一些士大夫以"天学"为实学?这里涉及对实学的不同理解。徐光启所谓实学,既指道德领域中的实心、实行,也指"天学"中可以用来经世致用的科学技术;而当李戴将利玛窦珍惜时光、寡过增德理解为"大获裨于行"的"西庠实学"②时,其含义则仅限于与宗教关系不大的道德领域。

(十)"人有三父"

出世禁欲与入世的生活取向之间的冲突还具体表现在如何对待儒学中的封建孝道及王权这个问题上。由于这个问题最能表现天主教与儒学的根本差异,我们不妨详细探讨利玛窦在这个问题上表现出来的对儒学的批判态度。

---

① 《利玛窦全集》册四,四一六页。
② 《畸人十篇》首篇。

天主教有一条根本诫命，即爱上帝并且像爱上帝一样地爱人如己。但爱的本质意义在于爱上帝，如果不爱上帝，爱人如己便毫无意义。十诫中有一条是孝敬父母，但当这种血亲之爱与对上帝、耶稣基督的爱发生矛盾时，须毫无条件地将爱和生命献给上帝和耶稣基督。耶稣说："爱父母过于爱我的，不配作我的门徒，爱儿女过于爱我的，不配作我的门徒……为我丧失生命的，将要得着生命。"① 基督徒全部生活的意义便是信仰并且爱上帝和耶稣基督，孝敬父母、爱人如己等宗教道德规范的遵守和践行如果不是以对上帝的信仰和爱为绝对前提，便失去了价值和意义。现代神学家对这一诫命仍坚信不移，詹姆士·里德写道："企图把基督的伦理思想同他的宗教分开是令人费解的……割断了耶稣的伦理教导同他的信仰的联系，就割断了耶稣的伦理教导并赋予他的伦理教导以意义的生命线，耶稣的目的，耶稣的服从，耶稣的力量全部都来自他对上帝的信仰。"②

作为一名正统的天主教徒，利玛窦未尝敢些许偏离这一诫命。他曾明确申明："仁之大端在于恭爱上帝"，为了强

---

① 《马太福音》，10:37–39。
② 《基督的人生观》，三联书店一九八九年版，二十页。

二、耶教如是说

调信仰的绝对至上性,利氏借用儒学中的人伦这一概念,在作为封建纲常的五伦之上加之以"大伦",这便是对上帝的认识与信仰。[①]宗教信仰和道德与儒学世俗的宗法性伦理纲常之间的冲突至此便达到极致。利氏对此并非没有充分认识,《天主实义》开篇即谓:"平庸治理,惟竟于一,故贤圣劝臣以忠。忠也者,无二主谓也。五伦甲乎君臣,君臣为三纲之首,夫正义之士明此行此。"这是对三纲的明确肯定,徐光启所谓传教士"无一言不合忠孝大旨",盖即由此而得。但这只是表面现象,当深刻的冲突凸显时,利玛窦并未表现出些许的妥协。其言曰:"国主于我相为君臣,家君于我相为父子,若使比乎天主之公父乎,世人虽君臣父子,平为兄弟耳焉,此伦不可不明矣。"[②]"人主"之"大伦"于是便取代了五伦(此谓"超儒")。这里显然包含着对王权和父权的根本性否定,上帝面前人人平等的原则也呼之欲出了。

至于孝道,在利玛窦看来也并不是不能讨论的。当他阐述了耶稣会士出家绝色不娶的原因之后,他面临的任务是:否定和批判由孟子首倡并支配中国人近两千年的孝道:"不

---

① 《天主实义·引》。
② 《天主实义》第八篇。

孝有三，无后为大。"利氏的批判首先是一种含有诡辩色彩的辩论术。他曾在中文著作中多次引用《孟子》之语以附会古儒圣贤之旨，但为了批判孝道，利氏则断言"不孝有三，无后为大"不是"圣人之传语，乃孟氏也"[①]，因而其言不可信。孔子是中国之圣人，但并未传此语，因此，孟子之言"断非中国先进之旨"[②]。对孟子的扬与抑充分表现出利玛窦附会古儒的策略性成分。

稍有理论意义的是，利玛窦认为如果以有后无后为标准，则会造成道德评价的不公正："譬若有匹夫焉，自审无后为不孝，有后乃孝，则娶数妾，老于其乡，生子甚多，初无他善可称，可为孝乎？学道之士，平生远游他乡，辅君匡国，教化兆民，为忠信而不顾产子，此随前论乃大不孝也。"[③]因此，衡量孝与不孝的标准只能是内在的，不孝的标准有三：陷亲于罪恶，弑亲之身，脱亲财物。但是，最大的不孝乃是逆天主大父之旨。天下有道，三父（天主、国君、家父）之旨不相悖，顺乎其一即兼孝三父；天下无道，三父之旨相悖，这时的选择应是翕顺天主之旨，这样也许会违犯国君之令，但

[①] 《天主实义》第八篇。
[②] 同上。
[③] 同上。

仍"不害其为孝也"①。这里便又从对孝道的否定上升到对王权的否定。

在对明末思想家的分析研究中,如果我们可以认为何心隐的"交尽于友"的观念包含着以平等的朋友关系为人的社会关系之首这样的原则,李贽的叛常逆伦的异端之论的底蕴是对封建纲常网罗的挣脱和批判,顾宪成的"是非者天下之是非,自当听之天下"意味着对封建专制的否定,那么,我们或许可以说,这些新进的观念所造成的精神氛围构成了利玛窦从神权、上帝之爱出发,批判王权和孝道的客观条件。换言之,如果明末思想界不呈现出活跃的开放性,一位域外传教士对本土文化中最核心的王权与孝道等规则、观念的批判将成为不可能之事。客观条件的许可使利玛窦得以参加明末批判思潮的合唱,当然,他唱得并不和谐,他的基调是神权与上帝之爱。事实上,利氏对君臣父子等宗法性人伦规范的否定与批判,构成稍后反教士大夫"破邪"活动中最重要的攻击靶子。

当代神学家们常对以下问题困惑不解:为什么作为外来文化的佛教成功地在中国文化中扎根,而基督教却难以在中

---

① 《天主实义》第八篇。

国立足？这自然是一个非常复杂的问题，很难从某个角度给予完满的解答。但我们至少可以指出一点，即佛教之所以能成功地在中国完成其本土化过程，并成为影响人们精神生活的经久不衰的因素，不仅在于佛教进入中国后不断有高僧翻译阐述佛教经典，附会儒道传扬佛教教义，而且还在于佛教在与中国文化、政治传统中最重要的纲常发生冲突时，往往是以佛教的妥协而消弭其间的矛盾的。例如，在孝道问题上，佛教以修道立身、永光其亲为根据来论证僧徒出家并不违背儒学在家事父母的孝道；至于佛教对王权态度，慧远曾著《沙门不敬王者论》，其旨在以实质上对王权的服从，免去形式上的"形屈之礼"。对宗法性人伦规范的实质上的妥协成为佛教在中国扎根并得以发展的最重要条件之一。

利玛窦试图附会儒家文化传扬基督教义，但在对孝道和王权等最重要的问题上，利氏虽然在实践中容忍中国宗法性礼仪，但在理论上却在某些地方表现出一种不妥协的态度。利玛窦死后，那些在"礼仪之争"中对利玛窦的传教策略持否定态度的传教士更将基督教的宗教排他性发展到极端，连利玛窦所作的些许妥协（如允许中国教徒"敬孔""祭祖"）也不能容忍。这样，基督教初入中国便在它对教义"纯洁性"的坚执中，在不考虑本土文化中核心传统的坚固性的情况下，

二、耶教如是说

丧失了它在中国得以扎根、发展的最重要条件。近代史上传教士们挥舞着利剑和福音书时表现出的狰狞更使中国人对基督教产生心理上的反感和憎恶。即便是中国人自己借用基督教义创建的"拜上帝会"及由此举行的大规模农民起义也未能真正使"上帝的天国"降临于中华大地。这些历史事实的内涵是丰富而深刻的,而且具有必然性。

三、行者的足迹

（一）矫挚英迈一少年

万历三十八年（一六一〇），利玛窦在北京去世的消息传至上海，因父亲去世在家中居丧已近三年的徐光启"哀之如师傅"，并迅即从上海赶赴北京，真可谓"如丧考妣"。徐光启有许多理由为利玛窦的死感到悲伤，也有很多理由需要他向利玛窦表达他由衷的最后敬意。他们曾经朝夕相处，共同凝望和探究天上的星空，思索心中的道德律。他曾虔诚地向利玛窦倾诉他的宗教关切，与他谈论生死大事。他知道利玛窦的死对他意味着多大的损失：是利玛窦将他引入神奇而且令他着迷的科学世界；是利玛窦与他的合作使他得以融会中西，为中国的科学事业和中西文化的交流作出了重大贡献。他们本可以继续这未竟的事业，然而，他却骤然失去了

三、行者的足迹

这位来自异域的良师益友。这将使他割舍不下的科学研究显得更加缺乏人手。虽然,在他日后漫长的科学和仕宦生涯中,他完全有足够的能力和信心将他早已提出的富国强兵之术继续付诸实施,但他又不能不抚今追昔,饮水思源,常常念及他与利玛窦问学论道的那些日子。正是由于同利玛窦等传教士的相遇和合作,才使徐光启这位胸怀凌云之志、自强不息的志士,获得了在中西文化和知识之海中冥想遨游的翼翅。

徐光启一五六二年阴历三月二十一日生于明帝国的南直隶松江府上海县。当时的上海,可不是后来冒险家的乐园或东方的巴黎,它不过是乡土中国中很普通的一个小县,虽然广原腴壤,但常常神出鬼没、烧杀抢劫的倭寇却使这里的百姓吃尽了苦头。徐光启一家住在县城城南。所谓县城,不过是人口相对集中、纺织工人稍多的小镇,连内地一些县城必备的城墙都没有,自然保护不了城里的百姓。徐光启出生前约十年,倭寇曾大举入侵东南沿海,在上海地区骚扰达四年之久。在这四年中,徐光启的母亲曾左掖婆母,右持幼女(光启的姐姐),草行露宿,每休止丛薄,则抱女坐水深流急之处,准备在倭寇到达时,便自溺而死。徐光启幼时常听到他的母亲和祖母讲述倭寇四处为患的暴行。直到他出生的第二年,总兵官俞大猷、戚继光率兵猛击倭寇,使之受到重大打击,此后的倭患才有所收敛。但倭寇造成的上海百姓流离失所及中国官兵史诗般的抗倭斗争都给徐光启幼小的心灵留下了不可磨灭的印象。

伴随徐光启成长的除了噩梦般的倭患所造成动荡不安以外，还有常常令徐家陷入窘境的贫困。据说徐家本居苏州，高祖竹轩始迁居上海。据徐光启本人所撰《先祖事略》称，他的高祖是位"家世清白"的秀才，到了他的曾祖徐珣这一代，由于明代政府课以繁重的赋役，徐家已落到"力耕于野"的地步。当他的祖父徐绪当家理政时，由于遭受意外之灾，徐家又"尽费其业"，难以为继。他的祖父为了生计，被迫弃农经商，这才使徐家成为一个家境渐裕的商业家庭。徐家的渐裕大概受益于当时在上海还不甚显著的资本主义萌芽。但光启的祖父徐绪却未能尽享天年，四十岁便撒手而去，留下妻子尹氏和六岁的孤儿徐思诚（光启的父亲）在动荡不安的上海苦苦挣扎。幸亏光启的祖母善理家政，她请来徐思诚的舅父尹某到徐家主持商业，并为长女成婚，招赘入门，让女婿管理徐家家政。这种安排竟使徐家产业十倍于徐绪生前。孤儿徐思诚因此能过上一段较安定的读书生活，并于十七八岁时娶儒家女钱氏。过了不久，持续四年的倭患使被派为大户参与抗倭的徐家产业遭受很大损失，而且祸不单行，徐、

三、行者的足迹

尹及女婿俞氏三家平分财产后,徐家的财产又被盗窃,惨淡经营成为大户的徐家又陷于窘境。徐光启出生后,家庭经济状况仍无大的改善,以致他的老祖母和母亲不得不早暮纺织,寒暑不辍,他那曾一度娇生惯养的父亲徐思诚也不得不经常务农以求自给。不过,和中国千千万万的父母一样,徐光启的父母都望子成龙,光宗耀祖更是老祖母对独孙光启的殷殷厚望。所以,他们总是克服重重困难,尽量让光启多受教育,他因此被送到龙华村的龙华寺入学读书。[①] 年幼的徐光启也偶尔参加家庭的辅助性劳动,这使他自幼便了解下层人民的疾苦,更增加了对农业和手工业的感性知识。日后的徐光启在政治、学术生涯中能关心国事民瘼、求精责实,与他年幼时的经历不无关联。

徐光启自幼便养成了自强不息的精神品格,既有非凡的勇气和胆略,又有聪明好学的品性。查继佐《罪惟录》称他"幼矫挚,饶英分",曾在七岁那年登上上海新建的城雉,在纷飞的大雪中健步而行,不但面无惧色,而且还敢纵目远眺。八岁那年,他竟淘气地攀上龙华寺古塔,到塔顶捕鸽子,不小心失足下坠,见者无不大惊失色,徐光启却手持鸽子,

---

① 参见王重民《徐光启集》,人民出版社,一九八一年第一版,四—九页。

神情自若地问同伴敢不敢也作一番冒险。他还曾爬上塔顶，坐在顶盘中，与鹊争处，而且嬉笑着俯视塔下，"顾盼物表，神运千仞之上"。徐光启不但矫捷健康，而且敏而好学，对章句、帖括、声律、书法无不精通，并臻于佳妙。为了考中秀才，他在八股文、律诗方面也下了不少功夫。据《徐氏家谱·先世列传》载，徐光启读书龙华寺时，有一次路过邻塾，塾师命题，徐光启"随口成章，不假思索，师大奇之"。

　　少年徐光启求知欲望强烈，兴趣广泛。他的父亲曾参加组织地方武装抗击倭寇，并且"喜言兵"，徐光启稍长后，"读书间及兵传"。少年读兵书在当时有点儿不务正业，他的父亲虽不加阻止，可指望儿子在正途上功成名就的母亲却很严厉，她拣出徐光启书册中一切有兵刃图像者，藏起来不让儿子涉猎。然而，禁止并不能泯灭少年徐光启对兵法兵器的强烈兴趣，而且，他业已掌握了不少常识。晚年徐光启在写给乃师焦竑的一通书信中写道："启少尝感愤倭奴蹂躏，梓里丘墟，因而诵读之暇，稍习兵家言。"可见，他阅读兵书并非出于单纯的猎奇心理，他既感愤倭患，又希望十倍衰弱于宋季的国势能够振拔起来。还在他刚入私塾时，有一天馆师不在，徐光启与馆中同学诸子各言己志。有人想成富翁，有人想做道士，徐光启却出非凡之言："是皆不足为也。论为

三、行者的足迹

人,当立身行道,……治国治民,崇正嗣邪,勿枉为人一世。"立志高远的徐光启似乎注定要为实现其宏大的抱负走完他坎坷不平的人生之旅。

徐光启在其早年的求学之途中曾受过与立于官学的程朱理学迥异其趣的阳明心学之熏陶。大约十六岁那年,他曾师事黄体仁,而黄氏则私淑王阳明,致力心性之学,且非常器重这位年轻聪慧的弟子,阳明心学对徐光启早年思想影响颇大。

万历九年(一五八一),二十岁的徐光启考中了金山卫的秀才,并于同年娶处士吴小溪之女为妻。也正是从这一年起,由于他"既早闻家学,胆智过人","便以天下为己任"[①]。

倭患的魔影、贫困的羁束,不但使立志高远的徐光启孜孜以求改善个人和家庭生存及发展的环境,而且使他更想实现少年的梦想。然而,现实与理想之间的距离,还有一段漫长泥泞的烂路。

(二)科举"烂路"上的爬行者

徐光启考中秀才后,虽然从县学中得到一点儿学费和生

---

① 徐骥《文定公行实》,见王重民辑校《徐光启集》下册,上海古籍出版社,一九八四年,五五二页。

活上的补助，但家境仍很贫困。在妹妹出嫁时，光启的父亲竟无计准备奁装，好在光启的妻子吴氏稍有嫁资，而且慷慨大方，这才解了徐家的一时之难。与贫困作斗争的秀才徐光启则只好"教授里中""以馆谷自给"。

在封建社会的乡土中国，摆脱贫困首先必须齐家。徐光启的母亲和夫人都善纺织，夫人更是"三倍他人"，但明政府繁重的课税使小本经营的手工业者很难致富。徐光启只有边教学、边参加田间的劳动，尽管如此，家境也依旧艰难。为了彻底摆脱贫困，赢得更好的读书和发展环境，徐光启只好寄望于科举功名——那是当时唯一能使人显达的途径。为此，徐光启一共四次参加了每隔三年举行的乡试，其间备尝艰辛。

万历十六年（一五八八），二十七岁的徐光启与友人董其昌、陈继儒（后来都成为明末大儒）等同赴太平府应乡试。为了走近路节省路费，徐光启由水路到达句容后，舍舟登陆，自己担着行李，沿江走了一百多里铺满石卵的羊肠小道，当时正下着倾盆大雨，"左荡右江……水流奔泪，咫尺莫辨，一失足必颠仆无生理"。徐光启这时一定悲从中来，"遂有淡然功名之志"。不过，他仍沿着这泥泞坎坷的烂路奋然前行，到太平府（今安徽当涂）参加了乡试。可惜，未中举。

三、行者的足迹

落第的徐光启只能在家乡课读自给。不幸的是，他的母亲于万历二十年（一五九二）去世。此前一年，这位母亲又经历了儿子应考不第的结局。在她去世时，仍未见到儿子功成名就。徐光启因居母丧，不得不放弃教书。不久之后，徐光启又重操旧业，在上海赵姓官僚地主家里设家馆教书。万历二十三年（一五九五），赵家兄弟之一赵凤宇出任广西浔州府知府，行前请早有文名的徐光启随赴广西在家馆负责其子赵公益的教育。徐光启应承下来，移馆浔州。据说这位郁郁不得志的穷苦秀才"经行八千里"，穿着破旧褴褛的短衣，停歇间常在短烛之下，自觅针线，聊为缝纫。

万历二十五年（一五九七），徐光启获得赵家资助，随赵公益赴顺天府应乡试，命运之神终于戏剧性地向这位历尽坎坷的学子伸出了援助之手。据说起初徐光启仍卷落孙山之外，但主考官焦竑在公榜前两日，仍以不得第一人为恨。分考官张五典从落卷中物色到徐光启试卷，送给焦竑审阅。焦氏得卷后，"击节称赏，阅至三场，复拍案叹曰：此名世大儒无疑也，拔置第一"[①]。徐光启的命运竟因此而从卷落孙山之外一跃而为"名噪南北"的名人。

[①] 徐骥：《文定公行实》。

徐光启在漫漫科举道路上屡试不第,其原因诚然很多,但最重要原因之一恐怕是与官学迥异的阳明心学对他的影响。晚年,徐光启在教示儿孙"少年科第"之法时,曾自嘲道:"我辈爬了一辈子烂路,甚可笑也"[①],大概就是指这一点而说的。这次乡试,能从卷落孙山外到被拔第一,大概是因为主考官焦竑(亦曾屡试不第)与徐光启同宗阳明心学。这一点可以证诸徐光启所撰《舜之居深山之中》(试题之一)。该文开篇论道:"圣帝之心,唯虚而能通也。夫深山之居,舜之心无心也,无心斯无所不通也。"这里的无心就是无私,而这里的私、心有三种意义,其一指闻见之知:"自知识之用于有心,于是自有其闻见,而天下之闻见始与我揆而不相入矣";其二指人我、物我之待:"凡人未能无我,则在在皆有我之私";其三指私意:"凡人未能无意,则时时皆意生之会"。徐光启在文中主张虚通,倡无为,主无我,倡去意,以期达到"不蔽于我"、"不滞于人"、"我与人相感"、"发于无端之内"、"虽一隅而已融为全体"的圣心之境。这种所谓融为全体的圣心之境,实际上就是王阳明《大学问》中倡导的去尔我之分、形骸之分以达到的大人与天下万物为一体

---

① 《家书》,见《徐光启集》下册,四九六页。

的圣人境界。文中所谓"无心斯无所不通"可能就是王阳明所引佛家之言"无所住而生其心"。徐光启在这次志在必得的乡试中竟如此立论,如果不是焦竑决不可能将他拔置第一。因为作为主考官的焦竑,是晚明心学的殿军,也是一位在科举途中历尽坎坷的博学大儒。如果认为徐光启在试题中有意迎合主考官的思想,虽不无理由,但难以令人信服。因为多年后,徐光启仍不改其对阳明心学的偏爱。《甲辰翰林馆课》中收有徐光启所撰《赤子之心与圣人之心若何解》,文中立论以为人之初,"本与为一耳","故曰赤子之心与圣人之心一也","率性之道,顺天之则,与天下大同谓圣人","一念之间,澄然无事,便觉天地万物,廓尔流通,此赤子之心露其端倪,而圣人之心开其端也。"[1]这里所说的澄然无事、廓尔流通的赤子之心实际上就是王阳明所说的"皦如明镜、略无纠翳"的"良知良能"。也有论者认为徐光启的赤子之心实际上就是李贽童心说的翻版[2],这些都说明徐光启由于曾师事黄体仁而受到阳明心学的影响着实不小。

　　阳明心学对徐光启早年的影响或许在于一方面造成了其

---

[1]　《徐光启集》下册,五〇九页。
[2]　武仁:《徐光启:中西科学的第一个交叉点》,见《徐光启研究论文集》,学林出版社,一九八六年,三四页。

科举道路上的坎坷,使他"爬了一辈子烂路";另一方面则可能类似于心学对李贽等人的影响,即培养了一种怀疑和批判的精神或思想风格,并促成他转向或汇入明末的实学思潮。

以一篇文章名噪南北的徐光启仍继续爬他的"烂路"。他参加了万历二十六年(一五九八)的会试,但并未如愿成为进士,落第后回到家乡。虽然有了举人的功名,徐光启仍"布衣徒步,陋巷不改,闭户读书,仍以教授为业"。这时,他开始关注现实政治,不拘泥于经生之言,遍阅古今政治史实,用心考察其得失,并将学得的知识与从游历及生活中获得的社会经验和感性知识结合起来,以期得出使国家富强的切实方法和理论。徐光启的友人程嘉燧在庆祝他的父亲徐怀西七十寿辰时,曾撰文记述他们两人在一五九八年至一六〇二年间共同教书和读书的生活。据说,以蔬菜和馕粥充饥的他们,当时和学生住在山间小屋里,"咀嚼诗书之英华,斟酌文章之醇醨",其乐无穷。程氏的生动描述,说明中举后的徐光启又恢复了少年时代的那股矫挚英迈的活力,其治学效率大为提高。这段愉快的教学生活使他更成熟、知识更丰富,为他日后的科学研究奠定了牢实的基础。他的儿子徐骥也因乃父之功名得以与上海资产颇丰的顾冒祚的女儿联姻,"上流社会"亦开始接纳并欢迎这名噪南北、颇有文采的举人。

这一切都为他日后的治学和科学研究准备了较好的环境。

（三）在中西文明的交汇点上

徐光启生活的时代，是一个科学人才辈出的时代。虽然这个时期，中国的科学技术难以跟上正在勃兴的西方近代科学潮流，但在传统的士大夫中，仍有不少仁人志士在与外界隔绝的科学的荒野上耕耘。当徐光启在顺天府中举时，程大位的《算法统宗》已在徽州出版四五年了，李时珍的《本草纲目》在南京印行已有一两年，朱载堉则于一年前上疏要求改历，并进呈《万年历》和《律历融通》，王圻的《三才图绘》和《续文献通考》也正在上海进入尾期编写工作。与此同时，明末思想界也呈现出异常活跃的气象。阳明心学的影响，在当时已引导出一股批判思潮，李贽是其中的一位重要代表，他敢于非圣非贤，敢倡乱道，成为试图突破正统儒学的一支劲旅。不过，这种批判思潮虽带有一定的平民化特色，但仍属于封建社会内部产生的新异思想。

此时，人类文明的发展已不再允许中西两大文明航船无干系地平行行驶了。历史具有讽刺意味然而却带有必然性地选择了与近代文明有些格格不入的天主教耶稣会士来沟通中西文明。徐光启生逢其时，融会中西，创建新的具有国际性的中国科学技术，并借西方文化反思检讨本土文化的重担历史地落在了徐光启及其同志的肩上。

徐光启与耶稣会士的接触最早始于一五九五年。那一年，徐光启这位穷苦秀才教学于韶州。一天，偶有余暇，他信步到韶州城西部的天主堂。当时利玛窦已北上去寻找更多的"精神狩猎"的目标了，韶州的传教事务由郭居静神父主持。徐光启在教堂里与郭氏交谈，据说"颇惬恰"，并瞻仰了"从欧罗巴海舶来"的"天主像设"①。

一五八四年，利玛窦曾在韶州绘制《山海舆地图》，首次向以中国为天下的中国人展示地球全貌，此图引起广泛的兴趣。士大夫中有好事者如赵可怀、吴中明先后勒制该图。对各种科学知识有浓厚兴趣的徐光启自然未放弃先睹为快的机会。②从这幅地图中，徐光启知道有位从西洋航海而来的"博大真人"利玛窦③。虽然徐光启一直忙着在科举的"烂路"上爬行，仍抑制不住要会见这位异域奇人的冲动。一六〇〇年，利玛窦在南京传教，据说他的住处成为士大夫们趋之若鹜的聚谈之处。他们讨论的内容既有人性等道德伦理问题，

---

① 《跋二十五言》，见《徐光启集》上册，八六一八七页。
② 同上。
③ 同上。

三、行者的足迹

也包括天文、历算、地理等科学问题。利氏的科学知识和仪器使他赢得士大夫的尊重,士大夫们以与利玛窦交友为莫大的光荣。这一年,徐光启正好在南京,二人"间邂逅留都"①,听了利氏的言论后,徐光启据说久久低头沉思,认为利玛窦是"海内博物通达君子"②。

利玛窦给这位好学之士留下的印象确实是深刻的,而且久久未能散去。据传教士柏应理记述,徐光启初次见到利玛窦后,归来做了一个怪梦,"见一圆堂中,设有三台,一有像,二无像,既醒,不识何解,大以为异"③。

一六○三年秋季,徐光启怀着对利玛窦的旧情再次来到金陵古城,但此时利玛窦已在北京传教三年了。在南京主持教务的是郭居静和罗如望两位传教士。出堂迎接徐光启的是罗如望。据柏应理记述说:罗氏引徐光启瞻拜天主像,向他讲述天主三位一体的教理,并指着画像说这便是三位一体中的第二位(圣子)降生为人之像,徐光启忽然回忆起三年前的那个怪梦,惊疑不止④。罗氏还送给徐光启《天主实义》、《天

---

① 《跋二十五言》,见《徐光启集》上册。
② 同上。
③ 柏应理:《徐光启行略》,载《徐文定公逝世三百年纪念文汇编》。
④ 同上。

主教要》等书，让他阅读。据说徐光启拿着这些书，回到住处，"于邸中读之，达旦不寐，立志受教"，并连日去教堂观察教礼，学习教义，聆听罗氏讲解摩西十诫之理，然后接受罗如望的洗礼，成为有举人功名的天主教徒，教名为"保禄"，领洗后即回上海。

据柏应理记述，徐光启因只有一子，准备纳妾广嗣。这自然是天主教不允许的。罗如望劝告他说，有没有儿子，都出于天主的安排，况且你已有儿子，以后繁盛，孙儿满堂，也是可能的。等徐光启受洗入教回上海后，果然得一男孙。据说徐光启异常高兴，连连向天主称谢。

又据柏应理记述说，徐光启的父亲在北京逝世后，他"扶柩归葬"，刚下船，家里人还有的在房里，忽然大雨如注，庐舍被淹没，徐光启伴柩安坐舟中，全然无恙，人们都说徐光启的至孝感动了天主，天主在默默保佑他。

柏应理还绘声绘色地描述了徐光启和他的夫人死后一同升天。传教士的这些描述自然是利用徐光启的声誉，传扬天主教，其用心良苦，但给人的印象是，徐光启似乎一开始便深受异梦的启发，接受了三位一体之类的所谓启示真理；至于后面描述的徐光启入教后立即添孙、逢凶化吉等奇迹的发生，自然是向新的福音听众许下的诺言，却不自觉地将徐光

三、行者的足迹

启的宗教信仰降到一种迷信的水平。

不过，传教士们的夸张性渲染并未将徐光启受洗入教与他次年成进士必然地联系起来，这倒从侧面表明徐光启入教决不是人生坎坷之士谋求安慰和祝福的权宜之计。

一六〇四年三月九日，徐光启开始在北京参加会试。四月十三日发榜，徐光启以第八十八名列入是年的三百一十一名进士之中，并随即被派往都察院观政。他的老师黄体仁也与徐光启同科成进士，黄氏这时已是六十三岁的一介老翁。据《上海县志》记载，黄体仁成进士后，住在李廷机家里，李氏劝他试考翰林院馆职，黄体仁感叹道：我老啦，不足辱忝此职。我的学生中有个叫徐光启的，是位博学有用的贤才，请让他去应考吧。徐光启因这位老师的推荐而进入翰林院，考选为翰林院庶吉士。

无论如何，万历三十一年、三十二年（一六〇三、一六〇四）都可以说是徐光启一生中最重要的转折点。一六〇三年他受洗成为天主教徒，此后得以与利玛窦等传教士过从甚密。一六〇四年，他成为进士，生活有了保障，社会地位得到提高，这为他日后的政治、学术生涯提供了有利条件，使他得以在较优裕的生活环境中，站在中西文化的交汇点上，从事一番前所未有的文化伟业。年过四十的徐光启在成进士前，主要精力都耗费在教书谋生、谋取科举功名及传统的章句之学上，所做科学工作很少，学术著作也很少，只是在万历三十一年曾向上海知县刘一爌呈交过一篇关于水利工程的短文，即《量算河工及测量地势法》，文中尚未涉及西洋科学。因此，客观事实表明，徐光启的主要科学贡献都成就于他与利玛窦等人有了思想上的实质性交流之后。

时间上的前后关系很容易使人得出一个因果推论：徐光启入教完全是为了较便利地得到西方科学知识。这是一个很流行且历史悠久的观点。一九〇六年，著名学者黄节所撰《徐光启传》发表在《国粹学报》上，立论认为徐光启表面上尊奉天主教，而实际上则只是为了得到西洋传教士携来的象数之学。黄氏之论是有感而发的，因为自十九世纪以来"借外族戕同种，得富贵以去"的中国人大有人在。黄氏著文的宗旨是在于痛斥崇洋媚外，甚至借洋人残害同胞，以此求富贵的恶劣现象，因此希望通过解释徐光启入教的原因而引起国人的清醒反思，其动机是无可厚非的，但其结论却与传教士柏应理的解释相似，即走向了另一个极端，缺乏深入的了解和分析。这一解释对今人还有很深的影响。确实，传教士们以科学吸引士大夫，希望士大夫从科学真理走向所谓启示真理的目的是彰明较著的，这种传教策略也容易使人相信黄氏论断的准确性。利玛窦死后,这种策略有所变化,传教士们不再那么热情慷慨地传授科学知识,方以智"诣之,问历算奇器不肯详言,问事天则喜",也至少说明黄氏的结论反映了一些客观事实,即入教事天可能在获得历算奇器等科学知识方面得到便利。

然而,徐光启由儒入耶的动机绝非如此简单。他的举动决不仅是从一种宗教或安身立命之学转向另一种宗教,而是带有文化上的全面性的思想转化。当然,这并不是说他是最早的全盘西化论者。

(四)需要与合作

徐光启受洗后一年即成为进士,他由此便成为利玛窦等传教士心目中最理想的教徒,因为徐光启不但有广博的知识,可以为利玛窦会合中西、附儒传教提供必要的资讯,他还有由科举功名带来的声望。一个有知识、有声望的中国教徒正是传教士们求之不得的可以用来感染新的福音听众的样板。而在徐光启看来,与利玛窦传教士接触,不但可以解决自己在宗教上的终极关切,可以在中西文明的对比中反思自己自幼便浸润其中的传统文化,而且还可以从传教士携来的西洋科学中获取中国之急需。徐光启与利玛窦之间的这种相互需要的关系注定了他们要携手合作,在中西文化之间搭建起一座沟通的金桥。这种相互需要愈是急迫,愈有深刻性,那么,他们的合作便愈是有效益、有价值,并臻于精诚之境。

一六〇四年,在湖北与宦官做过坚决斗争的冯应京在北京狱中服刑,这位欣羡西学的士大夫认为"天学"是实学,他在狱中仍难以忘怀他孜孜以求的"天学",将利玛窦在南京撰写的《二十五言》这本论述和阐发古希腊哲人关于修身的伦理学著作酌加润色并付刻。十月十七日,冯应京出狱时,徐光启曾前去看望这位勇敢的斗士,赞扬他是位"仁人"。作为利玛窦和冯应京二人的友人,徐光启于十二月二十一日撰写《跋二十五言》。在这篇短文中,徐光启称利玛窦为"海内博物通达君子",誉之为"博大真人"。这正是利玛窦需要的用来在北京士大夫中赢得更高声望的赞美之辞。但徐光启本人决无阿谀迎合之意,他欣赏的是利玛窦的博学,而且真诚地认为利玛窦传扬的宗教与中国传统文化没有根本冲突,或者说对本土文化不构成威胁。

一六〇五年,徐光启撰写《山海舆地图经解》,以"正、戏、别"三论解说天地并为圆体,宣传由利玛窦输入的与中国传统迥然不同而且是正确的天文学和地理观。科学对利玛窦宣传的天主教来说不过是工具或奴婢,宣扬奴婢的正确性

三、行者的足迹

无疑即是隐含地宣扬主子——天主教的正确性,这正是利玛窦求之不得的合作。然而,徐光启的宣传却出于他对科学真理的追求和虔敬,同样没有迎合利玛窦需要的意图。

成进士后的徐光启一边忙于翰林馆课,一边更加留心经世致用之学。他曾学过声律、工楷隶,但自成进士后,他将这些悉数摒弃,专攻天文、兵法、农事、屯、盐、水利,旁及工艺、数学。一六〇六年秋季,与利玛窦过从甚密的徐光启显然对利氏来京后"论著复少"有些不满,他希望能从利玛窦那里得到更多的东西。一天,他与利玛窦谈到格物及几何学。在欧洲受过严格的科学训练的利玛窦谈到欧几里得的《几何原本》非常精要,并立刻补充道:翻译这本书非常困难,他本人曾试图翻译,但总难以坚持下来。徐光启求知甚切,他慷慨陈词道:"先正有言:'一物不知,儒者之耻'。今此一家已失传,为其学者皆暗中摸索耳,既遇此事,又遇子不骄不吝,欲相指授,岂可畏劳玩日,当吾世而失之。呜呼,吾避难,难自长大;吾迎难,难自消微。必成之。"[①] 正是出于强烈的民族自尊心以及对民族文化的责任感,徐光启决定迎难而上,开始与利玛窦合作翻译《几何原本》这本传世

---

① 《译〈几何原本〉引》,见《徐光启著译集》册五,上海古籍出版社一九八三年,六页。

之作。他每日下午三四点都布衣徒步到利玛窦的寓所,请利玛窦口传,自己则以笔录受,并反复辗转,力求合原作之意。以中文反复订正,三易其稿,次年春天,译完前六卷。徐光启本想一直译完全书,但利玛窦却认为目的已经达到,停止了翻译。一六〇七年春,徐光启急不可耐地将这本他认为其价无限的科学著作交付刻印。

利玛窦的科学知识不仅吸引了徐光启,还吸引了其他一些士大夫,其中卓有成效者是李之藻。徐、李二人是挚友,而且李之藻还先于徐光启与利玛窦有实质性的接触。一六〇三年,当徐光启在南京受洗入教时,被任命为福建学政、乡试副考官的李之藻就已带着简平仪,在北京与福建的往返途中测验西洋天文学的真伪,结果是"往返万里,测验无爽"[①]。一六〇五年,李之藻和利玛窦译完《浑盖通宪图说》。共同的科学兴趣和抱负使这两位杰出的科学家成为亲密的合作者,并在共同的科学研究和实践中贡献出很多卓越优秀的思想观念。

《几何原本》付刻后,徐光启又与利玛窦合作翻译了《测量法义》,不仅介绍西方的测量方法,而且详述其数理基础。

---

① 李之藻:《浑盖通宪图说序》。

三、行者的足迹

做完这些工作后,徐光启又开始将他那颗饥渴的求知之心投向西方天学。一六〇七年,他致书友人说:"西泰诸书,致多奇妙,如天文一节,是其最精者,而翻译之功,计非岁月不可。用是未暇,以待他日图之耳。"[①] 如果不出意外,徐光启还会与利玛窦在科学领域里继续合作下去,为中西科学的交流作出更多的贡献。但不幸的是,一六〇七年五月,翰林院散馆后正在等待分派官职的徐光启突然遭受父丧,徐光启只有回籍守制,按照惯例,这需要徐光启在上海家中居丧三年。

居丧期间,徐光启仍坚持其科学研究。他将已与利氏合作译完但尚未定稿的《测量法义》予以整理定稿,又在《几何原本》和《测量法义》两书的基础上写成《测量异同》和《勾股义》两书。后三本书充分表现出徐光启在获得西方数理方面的系统理论和知识后,融会中西的卓尔不群的科研能力。这几本著作也奠定了他在中西科学交流史及中国科学技术史上的突出地位。

徐光启服丧后返回北京时,等待他的却是利玛窦葬礼和车公庄的利氏孤坟。传教士庞迪我和熊三拔将利氏亲手校订的《几何原本》交给徐光启,睹物思人,徐光启"不胜人琴

---

① 《致友书》,见《徐光启集》下册,五〇四页。

之感"①。回想当年,徐光启曾向利玛窦请求道:"先生所携经书中,微言妙义,海涵地负,诚得同志数辈,相共传译,使人人饫闻至论,获厥原本,且得窃其绪馀,以裨益民用,斯亦千古大快也,岂有意乎?"②利氏却以时间太少为由婉拒了,但后来终于难以抵挡徐、李等人强烈的求知欲望,与他们合作翻译了为数不少的西洋科学书籍。然而,"随问随答"(李之藻语)的利玛窦却未尽天年而去。这确实使徐光启感到由衷的悲痛。

利氏的去世并不意味着徐光启与以利玛窦为代表的合作从此便中止了。意欲尽译西洋科学书籍的徐光启决不会放弃向传教士学习并与之合作的机会。传教士熊三拔曾试制测量工具简平仪,利氏生前曾大加赞赏。徐光启回京后,熊氏偶然曾向徐光启"解其凡",徐光启如获至宝,立刻予以笔录,"草次成章"③,取名为《简平仪说》。这一时期,徐光启与李之藻协助精通历数的熊三拔、庞迪我进行研究、翻译,每刊行一部书籍之前,徐光启都要亲加润饰。徐光启还与他们共同参与修历之事。

---

① 《题〈几何原本〉再校本》,见《徐光启著译集》册五,十页。
② 《跋二十五言》,见《徐光启集》上册,八六页。
③ 《简平仪说序》,见《徐光启集》上册,七四页。

三、行者的足迹

一六一二年，一向关心农事、水利的徐光启按照利氏生前的嘱托，请求与传教士熊三拔合作翻译介绍西洋水法。熊氏"唯唯者久之"，"无吝色而有诈色"①，但相互间的需求关系还是促成了熊氏与徐光启的合作，译完《泰西水法》。这本书后来收入徐著的《农政全书》。

只要我们注意到徐光启对科学真理的渴求和对西洋科学那种欢欣鼓舞以迎之的态度，我们就不难解释为什么徐光启会在一六一六年的南京教案中勇敢地站出来为传教士辩护。这一年，南京以沈㴶等人为代表的保守的士大夫认为，传教士入华的目的是窃取神器，认为天主教若流布中国，将会危及圣学道脉，他们无限夸大传教士对中国社会稳定的危害，一再上疏请求驱逐洋人。万历皇帝先是不予理睬，后来终于"纳其言"，命庞迪我、王丰肃等传教士俱遣赴广东，使其回国。

徐光启见状大惊，他一面致书家人，命子孙接纳从南京逃到上海的传教士，收拾西屋让其居住，一面上疏声辩，称传教士"不止踪迹心事，一无可疑；实皆圣贤之徒"②，并建议皇上像容纳僧徒道士一样容留传教士。

---

① 《泰西水法序》，见《徐光启集》上册，六七页。
② 《辨学章疏》，见《徐光启集》，四三一页。

徐光启的勇决之旨在保护刚刚搭建起来的中西文化交流的第一座桥梁，以期从西学中吸收更多的优秀成果，为富国强兵提供有用的知识和技术。他的动机和心态是健康的。由于他采取的一系列保护性措施，终于使这座桥梁没有毁于一旦。在日后抗击金兵的军事实践及修历工作中，徐光启还将从与传教士的合作中受益无穷。这正好表明徐光启的声辩富有远见卓识。

（五）"郁郁不能有所建白"的政治生涯

徐光启考选为翰林院庶吉士后，虽然他的主要兴趣一直都集中于科学研究，但科举功名使他很自然地要参与国家政治生活。而他从事政治活动的时期，正是明末党争最激烈的阶段。这位政治抱负很大的书生曾提出一系列旨在补偏救弊的改革思想，并付诸实践，但明末统治阶级内部无原则的政治纷争和由此酿成的党祸却时时处处牵制阻挠着他的改革实践，再加上他书生气十足，不善权术，厌恶党争，而且政治上较为软弱，其政治抱负和才能便难以得到施展。

徐光启在科举的"烂路"上爬行时，就已开始留心时事，他深知明末统治的根本弊端。在翰林院时，他就曾撰写过一系列切中时弊的论说策议，并提出很有价值的改革方案。此

三、行者的足迹

后，他一直在寻求富国强兵之术。后来，经过多年思考和摸索，他最终形成并提出其治国方案：利用科学技术，发展作为国民经济之根本的农业生产，组建一支以新式火器（由传教士输入）武装起来的精良野战军。这样，才能对内使国泰民安，巩固朝政，对外御敌于国门之外。而这一切又都必须具有改革精神，一旦改革触动某些人的利益，徐光启便会陷入难以自拔的纷争之中。每当此时，徐光启便总是软弱地退出斗争。

从师友关系和政治倾向上来看，徐光启与东林党人是很接近的。东林党人是万历中后期由一些政治上曾受到排挤的士大夫组成的政治团体，主要代表人物有顾宪成、高攀龙、邹元标等人。他们以讲学的形式阐述其政治主张，影响很大。他们的政治主张主要包括：整顿并澄清吏治，限制宦官的权力，反对朝廷增加赋税，反对对东南沿海和长江流域的手工业和商人进行掠夺性剥削。在学术上，他们反对逃禅出世、华而不实的玄虚学风，既不同意过分拘泥于程朱理学，也反对无所羁束的浮荡，崇尚实学。东林党人在一定程度上代表了民心民意，反映了处于萌芽状态的新型生产力和生产关系发展的要求。因而号召力很大，追随者很多。徐光启在翰林院任职始于一六〇四年，持续十多年。在翰林院的同僚中，孙承宗、张鼐、钱象坤等人都是东林党人。徐光启与孙氏关系密切，彼此意气相投。张鼐则在其所著《辽筹》中高度赞扬徐光启的军事知识和才能，并表现出两人在政治见解方面有颇多的共同点。在抗击金兵的军事斗争中，出任辽东经略的著名东林党人熊廷弼曾致书徐光启，虚心讨教，徐光启在两通复函中，建议集中兵力固守辽阳及海盖四州，并提醒熊氏一定要多多储备防守武器，注意精讲防守之法，其中最急迫要紧的则是西洋火器的运用。危急关头，徐、熊二人互相坦诚相待，足见徐光启在政治、军事实践中与东林党人的密切关系。东林党人也曾大力支持徐光启的工作。徐光启的学生孙元化深得师传，熟知西洋炮法及筑台教练法，深为徐光启器重。经光启推荐，孙承宗在其所部任用孙元化，并采纳孙元化的筑台制炮的方法。后来，徐光启一系列组建新军的计划都依靠孙元化才得以部分实施。不幸的是，孙元化在崇祯四年被叛军孔有德所俘，孔逆带着徐光启通过孙元化惨淡经营才建立起来的炮营和技术人才投降后金，被孔氏释放的孙元化被朝廷逮捕处死，徐光启多年来的辛勤劳动成果付诸东流，此后他很少再谈兵事。

　　徐光启一贯标榜中立，不愿陷入党争，因为他认为党争耗尽士大夫精力，于国于民有害无益。但他与以魏忠贤为代表的阉党的格格不入更使他常处于尴尬难进的境地。万历

三、行者的足迹

四十一年,徐光启与魏广微之间产生矛盾。魏广微是徐光启在翰林院的同僚,也是士大夫中最早投靠魏忠贤阉党的成员,他以同乡关系曲附魏忠贤,被提升为礼部尚书兼东阁大学士,掌握大权后,无所不用其极地陷害东林党人。一六〇三年,礼部会试时,徐光启与他同时负责《春秋》经的阅卷工作,徐光启录取的士子都是一些名隽有才之人,但却不称魏广微之心,二人由此产生不和。软弱的徐光启可能心情很不愉快,秋天便告假去天津屯田,从事他的科学种田的农事活动去了。这是他解决政治上的人事冲突的常用方法,自然不是强者的进取之法,但也属无奈之举。

熹宗继位后,宠信魏忠贤,东林党人与阉党的斗争宣告失败,这些正直之士纷纷罢官,有些东林党人惨遭杀身之祸。徐光启身任朝廷要职,此时又想避开斗争,于是又告病请假。但早年与他不和的魏广微却为壮大阉党的声势来拉拢徐光启这位受人尊重的有用之才,天启四年,任命徐光启为礼部右侍郎侍读学士协理詹事府纂修神宗实录副总裁。徐光启见逆焰嚣张,正义感使他"落落无出山志"。他采取消极对抗的策略,拖了整整一年不肯到任。这使魏广微恼羞成怒,天启五年,魏氏指使阉党御史智廷参劾徐光启,说徐光启先前练兵孟浪,误国欺君,这些不实之辞不过是用来整人的借口,其真正的动机则是因为徐光启不肯入牢笼,不肯曲附阉党。所以,智廷说徐光启"迄今依墙靠壁,倘俨然名列亚卿,不亦羞朝廷而辱仕籍耶?"并提出惩治徐光启这样的奸邪。所谓"依墙靠壁"指的是徐光启依仗东林党人的势力。一贯标榜中立的徐光启虽据理力争,表明他厌恶党争的真实思想,但仍落了个"著冠带闲住"的处分。

一六二七年,思宗即位后,很快一举收拾了魏忠贤的阉党集团。徐光启重新被起用,并积极投入崇祯初年的练兵和修历工作。一六三〇年,徐光启被擢升为礼部尚书,一六三一年充任廷试读卷官,阅卷时极赏张溥廷对一策,张氏便像徐光启当年以焦竑为恩师一样拜徐光启为师。而张溥又是复社领袖,复社附依东林党人。徐光启与张溥的师生关系再次表明徐光启对东林党人及其跟随者具有较接近的倾向,同时为徐光启与日后的党争多设了一层难以说清的复杂关系。

一六三二年(崇祯五年),七十一岁高龄的徐光启再获擢升。内阁首辅周延儒援引徐光启入阁,自此,徐光启以礼部尚书兼东阁大学士,参与机务,并兼任纂修熹宗实录总裁官。徐光启此时虽年迈体弱,仍每日入值,目不停披,季不停挥,百般焦劳。这位崇祯朝的"五十宰相"之一,此时只想将毕生余力贡献无遗,却没料到内阁同样还是矛盾重重。次辅内

三、行者的足迹

阁大学士温体仁因其弟早年要求加入复社被拒绝而对复社怀恨在心，这时便想依仗权威排挤声势浩大的复社领袖张溥，他指使党羽，指责张溥"举复社附东林"，并诬陷张溥操纵乡试会试，使很多复社成员在科举考试中青云直上，从而造成巨大的舆论和政治压力，迫使张溥离开翰林院的公职。由于徐光启是张溥的老师，自然不能不在这种政治斗争中感受到温体仁对他无形的压力。

援引徐光启入阁的内阁首辅周延儒在明末党争中也处于微妙复杂的地位，他早年与东林党人过从甚密，后来为了得到内阁首辅的位置，又曾联合温体仁陷害钱谦益，从而为东林党人所不容。当然，周氏与仇恨复社的温体仁在对待东林党人的态度上并非完全相同。这两位昔日的盟友又开始了一番争权的斗争。温体仁渐渐通过阿谀逢迎获得了向来多疑的崇祯皇帝的好感，便意欲取代周氏的首辅位置。一六三三年，他指使刑部给事中陈赞化参劾周延儒，指责周氏"昵武弁李元功等，招摇罔利"，说周氏贪皇帝停李元功刑之功为己功。周氏被迫辞官归家，温体仁便取代了周氏首辅的位置。被周氏援引入阁的徐光启自然难逃受排挤的命运，温氏在攻讦周延儒的同时，也指使心腹中伤徐光启。徐光启上疏为自己辩护，并以衰病实深为由恳赐罢斥，崇祯皇帝却予以慰留。徐光启只好抱病入值，继续办理政务。但时间不长，一六三三年冬天，徐光启结束了他上下求索的坎坷一生。《明史》称徐光启在晚明政治斗争中"郁郁不能有所建白"，道出了实情，其原因当然是无原则的党争从各方面限制了他，使他难以将自己的富国强兵之术完全付诸实施。

　　病逝之前，徐光启仍念念不忘他的科学研究，嘱托孙子尔爵迅速将《农政全书》整理好后进呈，并安排好修历之事。他留下了一笔丰富而又宝贵的科学遗产，同时也留下了不能在政治上有所建树的遗恨。

四、儒生如是说

（一）"启生平善疑"

作为明末一位伟大的科学家，徐光启与宋应星、李时珍等人的不同之处在于，由于他有机会与利玛窦等传教士接触，得以突破传统思想文化和科学技术对他的限制，站在中西文明的交汇点上，含英咀华、融会贯通，从而为中国科学技术的发展作出了不可低估的贡献。提到他与利玛窦等人的关系，我们便难以回避这样一个客观事实：在成为一个卓越的科学家之前，徐光启便已经是一位天主教信徒。换言之，他不仅是西方科学的崇信者和传播者，也是西方宗教及某些西方思想文化的崇信者。然而，必须指出的是，徐光启决不是一位盲从的教徒。考察一下他接受和理解"天学"（宗教与科学）的视角或过程，有益于我们全面理解这位在中西文明史上不可忽略的重要人物。

前文曾经指出,徐光启为了科举功名,曾饱读儒家圣书,但也由于师承关系而受到阳明心学的不小影响。这种影响在于可能一方面造成了他在科举"烂路"上的坎坷,另一方面则可能培养了他的怀疑和批判精神。在成进士之前,徐光启与其他士大夫一样,也曾致力于章句之学,撰有《毛诗六帖》(作于一六〇三年之前),上述的怀疑批判精神在该书中也有所表现。唐国士在《毛诗六帖序》中说,该书是徐光启在教书之余辑写成的,并说他本人"深知是书妙处能补紫阳(朱熹)之缺略,阐笺传之精微者也。盖昭代尊崇紫阳传注外,一切抹杀……"[1]从唐氏的叙述中,足以见证徐光启在早年治学时,有崇尚被官学"抹杀"之学的倾向或某种程度的反抗精神。徐光启在《毛诗六帖序》中坦率指出,该书"但求其所以然之故,求其故而不得,虽先儒所因仍,名流所论述,援引辩证,如云如雨,必不敢轻信质疑,妄书一字"[2]。显然,徐光启对人们引为权威的先儒之说并不那么盲目信从,为了求其所以然之故,或者说为了求得真意或真理,他决不拜倒

---

[1] 《徐光启著译集》册十二,《毛诗六帖序》。
[2] 《徐光启著译集》册十二,五页。

四、儒生如是说

在先儒的权威之下,而是敢破敢立,敢于怀疑。

万历三十二年(一六〇四),在《跋二十五言》中,徐光启明确承认:"启生平善疑。"这委实是一种非常深刻而又坦率的自我刻画。正是这种怀疑精神导致了他后来在中西哲学、伦理、宗教思想和科学思想的比较中对传统文化的认真反思和批评。

阳明心学在明末的盛大影响使一部分士大夫走上了"狂禅"或逃禅出世之路,但对徐光启的影响则只限于使他的思想具有基于善疑的开放性,从而使他既不拘于正统的权威之说,也不拘于自己已经接受并且较为偏爱的理论,因而能博采众长,众通为己。在翰林院散馆前后,徐光启的治学精神和思想倾向均有明显变化,开始走向成熟。张溥在为《农政全书》撰写的序文中说,徐光启初筮入馆时,就以天下为己任,讲求治道,博极群书。以前他对诗赋书法均很精通,入馆后却认为这些都不过是雕虫小技,因而全都摒弃不为,而将注意力集中到治律兵农,"穷天人旨趣",稍早,已开始"遍阅古今政治得失之林"。这样,徐光启便从致力于章句之学转向了经世致用之学。徐光启的门人陈子龙(也是复社领袖之一)所撰《农政全书凡例》云:"徐文定公忠亮匪躬之节,开物成务之姿,海内具瞻久矣。其生平所学,博究天人而皆主于实用。"陈氏之言高度概括了徐光启成进士后的治学内容和精神。

徐光启在成进士后,开始批判由王学末流衍成的明末玄虚学风,也注意反省和清算佛老二氏对学风的影响。一六〇五年,他撰有诗文《题陶士行运甓图》,其中写道:"绝代风流是晋家,廷臣意气凌青霞。霏屑玄谈未终席,胡骑蹂人如乱麻。白玉尘尾黄金垮,甓间酒龙声嗑嗑。谁使神州陆沉者,空复新亭泪成血。"① 这是借古讽今,旨在说明"清谈误国",也是以诗言志,明确士大夫应承担起振拔学风的责任,以免重蹈山河遭异族蹂躏的悲惨命运。同年,徐光启在翰林馆课中直接批判明末玄虚的心性之学,尤其批判逃禅之流弊:"人习于欲必修以入圣,自然之势也,侈口见宗日当下即是,作意妄成,如是以求赤子之心,去孔孟远矣。"② 这篇文章上部分论赤子之心时有一部分思想资料取自王阳明,但这并未妨碍他批判王学中的逃禅之风。

在另一馆课《刻紫阳朱子全集序》中,徐光启在对佛老二氏及时风批判的基础上,提出了辨别治学优劣的标准,这

---

① 《徐光启集》下册,五三六页。
② 《徐光启集》下册,五一〇页。

四、儒生如是说

就是有用与无用的差别。他写道:"今世之名为崇孔氏,黜绝异学,而定于一尊,乃二氏之说实深入人心,而浸淫焉欲窃据其上。此其是非邪正,深言之即更仆未罄,然而窃衷之以两言曰,有用与无用而已矣。"他认为学之精在于有用,这就是儒效:"夫学之精者以为身心性命,其施及于家国天下……使居四民之业者人人得以从事,而天下已平已治,则儒效而已。"根据有用无用的辨学标准,徐光启认为佛老二氏无益于世,而且消极作用很大,"二氏之精者能使贤智之士弱丧忘归。然综其实试令横目之民,尽趋其途,能人人仙佛乎?即人人仙佛,可为世道乎?吾有以知其必不能,则二氏者果无所用于世"。他认为朱熹之学是"继孔氏而称儒术者","其实行实功,有体有用",能使"天下国家受真儒之益"①。而时学则只是"逆取",只是哗众取宠,意欲使人波荡而从之的标新立异之学。

这篇拟制的序文似乎很像顾宪成、高攀龙对二氏及时学的批判,即似乎是为了捍卫程朱理学作为真儒的正统地位,而其宗旨其实只在于贯彻有用无用这一辨学标准。

此后,徐光启的治学一直是在求儒效,求富国强兵,求

---

① 《徐光启集》上册,九四—九五页。

良好的道德政治，也一直坚持有用无用这一标准的普适性。在《致老亲家书》中，徐光启曾解释放弃一切文墨应酬的原因："何者？今世文集至百千万言者非乏，而为我所为者无一有，历虽无切于用，未必更无用于今之诗文。"不过，徐光启却自认此论已违时俗，属狂僭之言，因而小心翼翼地提醒老亲家："此等事非老亲家夙昔同志，岂敢发此狂僭之言？万惟秘之。"[①] 但国势之衰微，终于使"身任天下"的徐光启以痛切之论表现出这种"狂僭"之勇，崇祯皇帝于崇祯二年（一六二九）召对时，徐光启曾脱口而出："若今之时文，直是无用。"[②] 他批判指责的是时文，何谓时文？《四库全书总目》卷三七《四书人物考提要》有一界说："明代儒生以时文为重，时文以四书为重"，明末时文盖指章句之学。徐光启在与先秦"周礼之物"等的比较中，揭露时文时学的谬妄虚浮。这与利玛窦附会古儒以拒斥、批判佛老二氏和后儒具有外观上的一致性。不过，徐光启的根本意图是试图使学风返本蹠实，与利玛窦的传教策略有重大区别。

万历四十六年（一六一八），努尔哈赤兴兵，接连攻陷

---

① 《徐光启集》下册，四四一—四九七页。
② 同上。

抚顺、东州等地,继而大破广宁的明军一万多人,国势危急,一时间"中外张皇","建议纷纷"。这时,徐光启致书乃师焦竑,发其肺腑之言:"时时窃念国势衰弱,十倍宋季,每为人言富强之术:富国必以本业,强国必以正兵。二十年来,逢人开说,而闻之者以谓非迂即狂。若迂狂之言早得见用,岂有今日哉!"其志可谓高远切实,其言可谓痛切之至,但对其论不见用于世又无可奈何。

"善疑"的批判精神,博究天人主实用的治学态度,富国强兵的高远之志,构成徐光启精神风貌的主要内蕴。这也是他理解和接受"天学"的视野和出发点。因为善疑,所以他能对自己曾浸润冥游其中的思想传统进行反思和批判;因为主实用、求富国强兵,所以他能突破夷夏之辨的思维框架,较为开放地面对西方异质文化,希冀取彼之长以补己之短,帮助自己达到目的。

(二)"人生最急事"

"善疑"的徐光启并未走向极端的怀疑论。相反,他相信有关于人生和自然的真理,而且孜孜以求之。一旦经过怀疑变成信从,他的信仰(不论我们对这种信仰持何种态度)——将更加虔诚而且坚定。徐光启对"天学"的接受和信从也经历了这样的思考过程。

时迄明代，要想在传统的中国文化中找到一个与西方"宗教"相对应的纯粹概念是件不太容易的事。士大夫们往往以"学"、"教"称颂先哲们创造传承下来的文化遗产，而"学"、"教"则是包容性很大的概念。徐光启也毫不例外地承袭了这一概念。在他看来，"学"、"教"不仅包括形上之道，也包括为时人不屑的末器之学。一六一四年他撰写的《刻同文算指序》言："我中夏自黄帝命隶首作算，以佐容成，至周大备。周公用之，列于学官以取士，宾兴贤能，而官使之。孔门弟子身通六艺者，谓之升堂入室。使数学可废，则周孔之教蹐矣。"很明显，徐光启所说的周孔之教，包括六艺在内，数学当然不在周孔之教以外。"学"和"教"的包容性使它类似于今人所言之文化。徐光启与李之藻等人正是以这一概念来理解和接纳传教士们输入的"天学"的。在徐光启看来，"先生（指利玛窦）之学，略有三种：大者修身事天，小者格物穷理。物理之一端别为象数。"[①] 徐光启对"先生之学"所作的概括和分类用今人之语言可以表述为：修身事天的宗教、伦理，格物穷理的哲学、科学，以及作为其绪余的象数

---

① 《增订徐文定公集》卷一《几何原本序》。

四、儒生如是说

之学(科学之一端)。这种分类是以中国传统文化中固有的概念"学"和"教"对"天学"所作的同化性理解和接纳,因而无须创造新的概念以作调适。对其修身事天之大者,徐光启也曾作过拟同性的理解,在《跋二十五言》中,他讲述了自己与利玛窦"反复送难"的过程,并认为利玛窦"以至杂语燕谭,百千万言中,求一语不合忠孝大旨,求一语无益于人心世道者,竟不可得"。以合儒家文化中的忠孝大指概述天主教的重要教义,无疑是被西方学者所责难的那种不纯正的对天主教的理解和接受,他却说明徐光启和其他士大夫一样对西学或"天学"也曾有过拟同倾向;换言之,儒家文化是他最初理解"天学"的视野。他还曾接受利玛窦附会古儒、称天主为儒家经籍中的上帝的做法,认为利氏"所学无所不窥,而其大者以归诚上帝,乾乾朝事为宗……以求所谓体受归全者"[①]。但尽管如此,他的这种拟同性的论述和利玛窦的附儒之法一样,都有一定的权宜性。因为他实际上对天主教的天主与中国古代典籍中的上帝二者之间的本质差别是有所认识的。传教士龙华民反对利玛窦附儒的传教方法,他为了证明天主与儒经中的上帝根本不同,曾处心积虑地设计过

---

① 《跋二十五言》,载《徐光启集》上册,八六页。

一种调查方法，即在询问士大夫们对上帝的理解时，特意不让他们知道自己是在进行旨在驳斥利玛窦的调查，据龙华民说：

> 我也以同样的问题问及徐保禄博士（徐光启），他回答得很直率。他认为：皇天上帝(the king of the upper region)不是我们的天主。他深信，古今中国人都不知道天主是什么，但既然神父们出于善意称天主为上帝，那么中士就不得反对，而且由于这个称号留传下来了，他断定我们将归给天主的特性归于上帝将是有益的。①

龙华民为了坚持宗教的纯正性和严苛的传教策略，将徐光启等人描述成他本人观点的见证人及其谋士，但龙华民之言却表明徐光启认识到天主教崇奉天主与中国古人敬天事天、崇拜天神上帝是有区别的。龙华民的叙述是可信的，这一点可以证诸徐光启本人的著作。

一六二三年，西安人掘地偶然发现唐大秦景教碑。徐光启曾为此撰写《唐景教碑记》：

> 我中国之知有天主也，自利子玛窦来宾始也……利子以九万里孤踪，结知明主，以微言至论，倡秉彝之好，海内实

---

① Longobardo, An Account of the Empire of China, 见 A Collection of Voyages and Travels, I, p.168. 伦敦一七四四年重印本，藏北京大学图书馆善本室。

四、儒生如是说

修之士波荡从之,而信者什百千万不能胜疑者之一,何也?其言曰:"西儒所持论,古昔未闻也!"呜呼,古人之前未有古人,孰能无创乎?天地万物皆创矣,仰中国之有天教已有一千余年,非创也。何从知之?以天启癸亥关中人掘地而得唐碑知之也。①

士大夫们以"古昔未闻"为理由拒绝接纳天主教,而且一人之疑可胜什百千万人之信,这确实反映了那种崇古的同化性认知方式对人们的影响很大。徐光启为了消除人们的怀疑,将天主教说成古已有之(实际上是从唐代贞观年间传入中国)的非创之教,但通篇之论却旨在说明万物皆创,承认中国人知道天主自利玛窦来华而始。也就是说,他承认天主教对中国人来说是新创之教,当然不同于中国的敬天事天之教。一个创字,表明他顺应、接受了一种异质的宗教。

当然,徐光启在对"先生之学"(西学或"天学")进行分类后,确实说过"余乃亟传其小者",即更热衷于传播西方科学,但他决不止于传播科学。他写道:"而余乃亟传其小者,趋欲先其易信,使人绎其文,想见其意理,而知先生之学,可信不疑,大概如是,则是书(指《几何原本》)

---

① 《徐光启集》下册,五三一页。

之用更大矣。"① 这里的意思很明显,"亟传其小者"的目的是通过译介士大夫们容易接受和相信的科学技术,证明"先生之学"不可疑,所谓"先生之学"自然包括"修身事天"之"大者"。

历史事实表明,徐光启的宗教信仰是虔诚的,而且这种信仰是通过怀疑达到的。他曾说自己生平善疑,但在了解"天学"之"大者以归诚上帝,乾乾昭事为宗"之后,"至是若披云然,了无可疑,时亦能作解;至是若游冥然,了亡可解,乃始服膺请事焉"②。他还曾主动向利玛窦请求翻译天主教经义,曾在家书中告诫已皈依天主教的家人"教中事切要用心,不可冷落,一放便易堕落矣"③,等等。

如果我们不否认历史事实,也不一概认为宗教信仰都是反动落后的东西,那么,我们便不能断言徐光启的宗教信仰是不值得研究的问题。现在值得关注的问题是,徐光启赋予这种信仰以什么样的意义?他关切的是什么?

利玛窦曾将他与士大夫讨论宗教问题的言论汇成《畸人十篇》,于一六〇八年在北京刻印成书。由于该书刻于利徐

---

① 《徐光启集》上册,七五、八七页。
② 同上。
③ 《徐光启集》下册,四八九页。

二人生前，其中二人论道之言应当是可信的。书中第三、四两篇是他们两人探讨生死问题的记录。利玛窦之旨是向士大夫灌输灵魂不死、死后审判等宗教观念。据利氏记载，徐光启听道后颇受刺激。利氏写道：

> 徐太史明日再就余寓，曰："子昨所举，实人生最急事，吾闻而惊怖其言焉，不识可得免乎？今请约举是事，疏为条目，将录以为自警之首箴。"①

天主教对人死后永福（登天堂）的许诺以及对地狱永苦的渲染确实影响了徐光启，使他将"常念死候"视为人生最急事，并希望通过虔敬的宗教生活方式免除死后的地狱之苦。这种对个体救赎的终极关切，也曾在他的家书中真实地流露出来，他诚恳地告诫家人，死前虽然没有神父在场帮助作告解，但"只要真悔，无不蒙赦矣"②。

艾儒略曾在《大西利先生行迹》中写道："大宗伯徐公玄扈，博学多才。欲参透生死大事，惜儒者未道其详，诸凡玄学、禅学，无不拜求名师，然于生死大事究无着落……"对照光启的家书，足可见艾氏之言实不诬也。光启和明末江

---

① 台湾影印本《天学初函·畸人十篇》，一五三页。
② 《徐光启集》下册，四九二页。

浙一带的其他士大夫一样,颇为关切生死大事,不同的是别人选择了亦儒亦禅或逃禅出世的道路,以解决生死大事等问题,光启则基于众多的考虑选择了天主教。

一六二四年(天启四年),党祸殃及池鱼,东林党中的一些健将惨遭魏党陷害,徐光启也因为不与阉党合作而落了个"着冠带闲住"的处分。一直忙于科学研究的徐光启在这一年以六十三岁的高龄与传教士毕方济合译了一部宗教著作《灵言蠡勺》,在该书中论证亚尼玛(灵魂)是"至妙"的"自立之体",是不能死的"本自在者",并且倡导"以保救身灵为切要"。在该书的翻译过程中,徐光启费力颇巨,以至二十世纪的著名史学家陈垣还认为"其言博辩奥衍,玄妙新奇,而不远于人事"[①],可见徐光启翻译此书热情之高。这是一件很有意味的事。它也许不只是"穷则独善其身"的人生哲学之践履,而更可能是以一种异化的宗教方式寻求个体精神的安慰与自由。如果我们认为宗教是那些没有获得自己或再度丧失自己的人的自我意识和自我感觉,宗教里的苦难既是现实的苦难的表现,又是对这种苦难的抗议,宗教是被压迫的生灵的叹息,是无情世界的感情,那么,我们或许

---

① 见陈垣校刊本《灵言蠡勺》陈氏序。

可以说，这一结论的一定程度的普遍性也适合于描述在党祸中沉潜于宗教深思和著译中的徐光启的苦闷。他当时虽身居要职，但在高度集中而且腐败的明末专制统治中，尽管他标榜中立，仍避免不了丧失发挥自己才能或再度丧失自己的厄运，东林党人的悲惨遭遇更表明了现实世界的无情。徐光启虽然较接近东林党人，但他痛恨党争，因而没有像那些自诩为正统清流的东林党人那样进行勇决的政治斗争。剩下的方式便只能是不合作、不就职，并在退隐的宗教生活中去发现自己，以论证灵魂之至贵至妙的方式表明人的尊严，或表述无情世界的感情，希冀以此达到个体精神生活的转换及超升。

（三）"其教必可以补儒易佛"

徐光启试图通过他对天主教的信仰"参透生死大事"，以期得到"身灵之保救"，并曾经在短暂的退隐的宗教生活中表述其自我意识和自我感觉，这是一种带有个人主义色彩的宗教思想和生活方式。这种色彩和特性只是矛盾而又附属地存在于徐光启的宗教思想中。徐光启更关注的是经世，是达到良好的理想政治的方式和手段，正是这种急切的求索使他将"补儒易佛"的功能和意义赋予了"天学"。

万历四十年（一六一二），徐光启在与传教士熊三拔合译《泰西水法》后，为该书撰写了一篇序文。他认为传教士之"谈道也，以践形尽性，钦若上帝为宗，所教戒者，人人可共由，一执至于至公至正，而归极于'惠迪吉，从逆凶'之旨，以分趋避之路。余尝谓其教必可以补儒易佛"。[①] 在这段论述中，徐光启明确承认儒学需要补足，也就是说，长期以来他一直浸润于其中的儒学在他看来是有欠缺的，而天学正可以补儒学之短。徐光启对"圣学道脉"的这种反思在当时士大夫中是较清醒的，他的结论也是较大胆的。该序虽然没有详尽地指出儒学的不足之处，但综观他的所有著述可以看出，徐光启认为儒学需要补充的不足之处至少有以下几方面：①道德、政治；②科学技术；③个体救赎问题。关于第一方面，徐光启所撰《辨学章疏》阐述得最为充分。

《辨学章疏》是一六一六年由南京礼部侍郎沈㴶兴起排外浪潮后，徐光启为保护由他与传教士架设的中西文明之间的第一座桥梁而作的辩护，该疏的辩护性决定了它在某些方面免不了夸张和渲染。但《辨学章疏》却是中国历史上最早在中西文化比较的基础上较系统地反思中国传统文化中的儒释道的文献之一，很有史料和研究价值。

---

① 《增订徐文定公集》卷一《泰西水法序》。

四、儒生如是说

在这篇疏稿中,徐光启首先对传教士的品行及学识作了鉴定。他写道:

> 臣累年以来,因与讲究考求,知此诸臣最真最确……其道甚正,其守甚严,其学甚博,其识甚精,其心甚真,其见甚定,在彼国中亦皆千人之英,万人之杰。①

来华传教士一般都经过了严格的选拔,并受过多方面的训练,但徐光启对他们的赞美之辞显然有过溢之嫌,表现了他反对禁教——实即反对闭关自守——的急切之情。接着,徐光启介绍了他所理解的传教士来华的目的。他认为诸陪臣"所以数万里东来者,盖彼国之人,皆务修身以事上圣。闻中国圣贤之教,亦皆修身事天,理相符合,是以辛苦艰难,履危蹈险,来相印证,欲使人人为善,以称上天爱人之志"②。这种解释自然难以令人同意。事实上,传教士来华绝非只是为了"来相印证",也不止在"欲使人人为善",他们的使命是来归化中国,为在欧洲受到宗教改革冲击的天主教寻找新的皈依者,并尽可能地为殖民主义者的拓殖活动提供各方面的情报。这是作为当事者的徐光启难以认清的。至于所谓"理

---

① 《徐光启集》下册,四三一页。
② 《徐光启集》下册,四三一、四三二页。

相符合",则主要是拟同性的辩护之辞。

不过,《辨学章疏》中最重要的思想是徐光启对天主教作为一种道德和政治教化理论的理解以及赋予这种理论的意义。他较概括地将天主教教义申述如下:"其说以昭事上帝为宗本,以保救身灵为切要,以忠孝慈爱为工夫,以迁善改过为入门,以忏悔涤除为进修,以升天真福为作善之荣赏,以地狱永殃为作恶之苦报。"[①] 这里的介绍包括天主教教义中最重要的几个观念:作为崇拜对象唯一至上神上帝、灵魂得救、天堂地狱、神修等。他还在此基础上认真分析了天主教的道德功能及其原因,认为"其法能令人为善必真,去恶必尽。盖所言上主生育救拯之恩,赏善罚恶之理,明白真切,足以耸动人心,使其爱信畏惧,发于由衷故也"[②]。

上述分析的宗旨很显然是探讨天主教伦理规范("法")在道德生活中的所谓普遍有效性问题。徐光启深信:由于西方天主教徒心目中存念着一个具有生育救拯之恩的上帝,而且上帝的赏善罚恶之理明白真切,其威慑力量强烈得"足以耸动人心",使人们的爱信畏惧的宗教及道德情感,不是虚

---

① 《徐光启集》下册,四三一、四三二页。
② 《徐光启集》下册,四三二、四三三页。

四、儒生如是说

伪而是真实地发自内心，使人们能够"兢兢业业，惟恐失坠，获罪于上主"，天主教的伦理规范由此获得其普遍有效性，使人"为善必真，去恶必尽"，并由此而引导出良好的、令人神往的道德化政治，"盖彼西洋邻近三十余国奉行此教，千数百年以至于今，大小相恤，上下相安，路不拾遗，夜不闭户，其久安长治如此"①。

徐光启对"西方乐土"的描述和不疑的态度显然是由于传教士们的夸张性宣传所致。但不论如何，我们都可以看到：徐光启强烈渴望寻求建构一种在实践生活中具有普遍有效性、使人"为善必真、去恶必尽"的伦理规范体系。令人惊异的是，徐光启在中西比较研究和思考的基础上竟得出如下结论：他的目标在传统的儒家道德哲学及践履中不能如愿达到，他的渴望在本土文化中得不到满足。他写道：

臣尝论古来帝王之赏罚，圣贤之是非，皆范人于善，禁人于恶，至详极备。然赏罚是非，能及人之外行，不能及人之中情。又如司马迁所云："颜回之夭，盗跖之寿，使人疑于善恶之无报。是以防范愈严，欺诈愈甚。一法立，百弊生，空有愿治之心，恨无必治之术（中为对佛道之批判，略）。

---

① 《徐光启集》下册，四三二、四三三页。

必欲使人尽为善,则诸陪臣所传事之天学,救正佛法者也。
这是一位在日读圣贤书以求科举功名的"烂路"上爬行了近二十年时间的士大夫在代表至尊之儒学的九五至尊面前,批判包括皇帝本人在内的古来帝王之赏罚,批判被沿袭继承了几千年的圣贤之是非,它是徐光启"善疑"的批判精神的再度公开表现,实质上类似于李贽等人的非圣非贤。因此,我们可以说,徐光启的上述思想汇入了明末的批判思潮。从统治阶级内部对圣贤帝王之是非赏罚、对时学的批判,以及求经世致用,"求精责实"的两种精神统一于徐光启的思想中。当然,徐光启批判的角度不同,他的出发点是建立在对中国思想传统中的儒释道与西方中世纪宗教伦理及其被传教士宣扬的功能、效果的比较、反思的基础之上的。换言之,他是以一个天主教徒的身份,从宗教的角度展开对儒释道的批判的,而且作为他检验儒释道和天主教道德之效果的标准是一种虚假的现实——传教士们描述的虚幻的西方乐土。这种立论之法使他的批判又具有非批判性,即基于信仰的轻信和盲从,这正是徐光启的失误之所在。但徐光启对古来帝王圣贤是非赏罚的批判在当时是有一定的理论和政治勇气的,大异于他在党争中的委曲求全。不仅如此,他所作的批判带有从西方数学科学中得来的条分缕析的特色,可作如下概述:第

四、儒生如是说

一,在徐光启看来,传统的儒家伦理、政治规范(是非、赏罚)虽然至详极备,其目的也许在于"破心中贼",但其客观效果是,只能触及人们外在的行为,不能耸动人的内在情感,相比之下,天主教的道德规范则能使人"爱信畏惧,发于由衷";第二,现实生活中善恶无极,如颜回之夭、盗跖之寿,更使人怀疑帝王圣贤的赏罚是非的有效性与公正性,由此导致道德和社会政治生活中普遍存在的虚伪现象,"是以防范愈严,欺诈愈甚,一法立,百弊生",而尊奉天主教的西方千百年来已成为没有"悖逆叛乱"的乐土;第三,在批判佛道时,他认为虽有人曾试图通过引进佛教以辅儒学,但佛教东来一千八百多年,世道人心并未得到改易,足见佛教也是似是而非,其作用只是使人无所适从。对传教士宣传的轻信,或者说对理想国的设计,以及理想(关于西方的虚假的事实)与现实之间的强烈反差,至少惊醒了徐光启对古来帝王圣贤之赏罚是非的普遍有效性的迷梦。

另外,从徐光启对儒学与"天学"的伦理、政治规范或体系的比较和思考中,我们还可以看出,在他那里,道德理性或良知良能已不再是完满自足的了。那种对人类道德理性的向善能力的乐观信念,已经让位于对具有绝对赏善罚恶之能力的上帝的虔敬恭奉,或者说,前者在他看来至少需要后者的补充。以道德理性所辨别、认识的是非来约束人们的行为，使人趋善避恶，已不再被认为是绝对有效的了。在徐光启看来，必须有外在的道德至上神（上帝）以及由对这个至上神的崇奉所产生的宗教畏惧感作为保证，才能产生"实心、实行"，即真实不伪的道德之心和践履。这是从世俗的理性的伦理向宗教伦理、从内在超越向外在超越的自觉转换，在他看来，这种转换可以"补益王化，救正佛法"。徐光启的思想中的批判性成分和非批判性成分都包含在这个转换之中。客观地说，这两种因素都是他为补偏救弊所作的急切的探索的产物。这种探索的产物又具有那些对宗教的纯正性防守甚严的研究者所责难的功利或实用主义倾向，前述徐光启寻求个体救赎的宗教热情不过只是冰山之尖顶，其厚实的基础则是上述寻求良好的道德政治的现实感。这是一种不能从宗教的纯正性角度予以指责的探索，也是徐光启赋予"天学"以较为重要的意义的基础。只有对宗教的本质及其功能、对明末的社会、思想状况有了较全面、客观的认识后，才能对徐光启的这些探索作出较为允当的评判。

（四）"释然而后失笑"

对徐光启宗教思想的客观存在及其在当时历史条件下的

四、儒生如是说

意义予以肯定性的研究，并不意味着要片面地忽视或贬损他在科学方面的伟大贡献。毫无疑问，更多的是后者使徐光启彪炳于青史。这些贡献包括他在天文、历法、数学、工程、农学等领域里所作的西学引进、介绍、会通和独创性的研究，也包括他在明末救亡运动中在军事领域里所作的技术引进和组织工作。这些卓越的贡献正是徐光启在与以利玛窦为代表的传教士建立实质性联系后，孜孜以传"天学"之"小者"的产物。考察和分析一下徐光启在当时的历史条件下对中西科学差别的认识，以及他赋予西方科学的方法论意义，还有这些工作在中国科学技术史上的意义，是一项很有价值的工作。

中国的传统科学如数学、天文、历法虽然与西方迥然不同，但也有过卓越的贡献和丰富的成果，这是连西方科技史专家也不得不承认的事实。但由于种种原因，在明代已出现衰退现象，与西方科学之间的差距越来越大。在天文方面，在"一四〇〇年到一五〇〇年间，几乎没有一部值得注意的著作"；在数学方面，"当耶稣会传教士走上历史舞台时，甚至没有人能够把中国过去数学上的光辉成就告诉他们"[①]。

[①] 李约瑟：《中国科学技术史》第三卷。

徐光启就曾由于这一原因而做过错误的判断:"吾辈既不及睹唐之《十经》,观利公与同志诸先生所言历法诸事,即其数学精妙,比于汉唐之世,十百倍之。"[①] 所谓《十经》,是唐代立于官学的"十部算经",但久已失传,徐光启这样热爱阅读科学典籍的志士竟然不得获见。虽然他曾将科学列为圣教不可或缺的内容,但中国科学技术成就的承传绝对不具备形上之道——狭义圣学——传承的有利条件,而与工匠技艺的传承颇相类似,往往容易成为绝学,徐光启的失误——仓促的错误判断——自然是可以理解的了。可贵的是在认识到中国科学落后之后,他能够以一种衷心欢迎的态度,虚心地决心借重西学以继绝学。他曾经说过:"私心自谓:不意古学(指几何)废绝二千年后,顿获补缀唐虞三代之阙典遗义,其裨益当世,定复不小,因倡二三同志刻而传之。"[②] 在徐光启看来,绝学能通过西学予以补阙,是件对当世大有裨益的好事,因而他认为这是个难得的良机。

这种衷心欢迎还表现为对西方科学"从疑得信"的不疑态度,而这种不疑的态度又是以对西方科学的理智认识为基

---

① 《徐光启集》上册。
② 同上。

四、儒生如是说

础的。他认为西学中的科学"一一精实典要,洞无可疑。其分擘解析,亦能使人无疑"①。西方数学的公理化演绎系统,即蕴含于其中的分析("丝分理解"、"分擘解析")方法给他留下了难以忘怀的深刻印象。

《译〈几何原本〉引》充分表述了徐光启对西方科学中这种分析精神的认识、赞赏和吸收。这里必须说明的是,《译〈几何原本〉引》虽署名为利玛窦撰,但根据利玛窦的自述,其作者实际上是徐光启。利玛窦写道:徐光启在刻印《几何原本》之前,"写了两篇序,第一篇序是以利玛窦的名义写的。其内容先讲到原著者,并称赞利神父的数学老师柯拉维神父(丁先生)对前本的解释即小注……也包括难题的应用及定理,以及数学上的资料。第二篇序文是徐氏对欧洲科学及文学上的崇高的景仰及赞颂"②。利氏的诚实自述与该引的内容正相符合,而且其中所讨论的几何的十种功用实际上就是后来徐光启在《条议历法修正岁差疏》(崇祯二年)中列举的"度数旁通十事"。王重民辑《徐光启集》未收此引,梁家勉《徐光启年谱》也未著录,罗光《利玛窦传》则明言为"利玛窦

---

① 《徐光启集》上册,七五页。
② 《利玛窦全集》册二,四五九页。

自己的序文"。美国学者史景迁曾在其所著《利玛窦记忆之宫》一书中引该引中论兵之言,以为是利氏根据他在欧洲经历的兵乱所立之论[①],不知实为自幼即喜读兵书而且后来有过军事实践的徐光启的精要之论。以上情况的发生,都是因为没有注意到利玛窦的自述。本书将该引作为徐光启的作品予以研究。这篇引文较长,凡二千六百字,对西方科学的方法有比较清楚准确的概述。该引开篇就指明致知的方法在于"因既明推其未明",这实际上就是亚里士多德形式逻辑中的三段论在中世纪西方神学和科学中的应用,其实质是从已知的大前提即所谓"既明"出发,演绎证明出一定的结论("未明")。这是西方古典科学中的常用方法,与近代科学中由培根倡导的实验归纳法很不一样,但限于历史条件,徐光启只能接触到这种从古希腊科学中发展而来的西方科学之精华,而且对这种方法的逻辑力量推崇备至,认为"彼士立论宗旨唯尚理之所据",因而能达到无疑的真知而不只是意见,所以使之读了"了无一语可疑"。在阐述这种演绎法在《几何原本》中的具体应用时,徐光启之言也洋溢着对西方数学科学中严密的逻辑证明不疑的推崇:

[①] 见孙尚扬、王丽丽译《利玛窦的记忆之宫》,台湾辅仁大学出版社,一九九二年第一版,三一页。

四、儒生如是说

今详味其书,规摹次第洵为奇矣,题论之首先标界说,次设公论、题论所据,次乃具题,题有本解,有作法,有推论。先之所徵,必后之所恃。十三卷中,五百余题,一脉贯通。卷与卷、题与题相结倚,一先不可后,一后不可先……初言实理至易至明,渐次积累,终竟,乃发奥微之言。若暂观后来一二题旨,即其所言,人所难测,亦所难信。及以前题为据,层层印证,重重开发,则义如列眉,往往释然而后失笑矣。①西方几何中那种环环相扣的推导、证明过程确实令徐光启欢欣鼓舞,以致使他常常情不自禁,"释然而后失笑",可谓达到了科学家在研究中常常进入的那种科学审美境界。

徐光启虽未睹《十经》,但他对中国的传统数学并非完全不了解,他将中国数学缺乏理论基础(系统化、公理化)的缺点概括为"不知其所以然",他写道:

为几何之学者,其人与书信不自乏,独未睹有原本之论。既阙根基,遂难创造。即有斐然述作者,亦不能推明其所以然之故。其是者,已亦无从别白;有谬者,人亦无从辨正,为其学者,皆暗中摸索耳。②

---

① 《徐光启著译集》册五,线装版。
② 同上。

中国自古以来诚然有不少人在几何学方面作出过贡献，但很少有人能深入到数学理论的堂奥之中。由于缺乏理论根基，当然难以创造。即使是那些斐然有著的科学家，对几何演算的根本原理也所知甚少，对正确的结论也不能据理解释明白，对错误的东西也不能指出其错误的原因，都只是在暗中摸索而已。正是在西方数学与中国传统数学的优长劣短的比较、分析的基础上，徐光启才以一种"释然而后失笑"的欢欣鼓舞的态度去接受、运用、传播西方科学。他认识到数学基础理论也许暂时不切实用，但却是一切应用科学的基础："盖不用为用，众用所基"，"况弟辈所为历算之学，渐次扩广，更有百千万有用之学出焉"。[①]

徐光启还重视将实证的定量分析引入对科学和社会问题的分析。他认为"凡物有形有质，莫不资于度数"[②]，因而度数的运用可达到无所不通的结果。在有关明代宗禄问题的疏稿中，徐光启引入了这种无所不通的定量分析。他通过收集数据，令人信服地证明了明代宗室人口呈三十年增长一倍的规律，宗禄之数也因此呈现同样的增长率，若不以得力之

---

① 《徐光启集》，四九七页。
② 《徐光启集》，三三八页。

四、儒生如是说

法解决这个问题，将会沉重地增加人民的负担，以致竭尽天下之人力物力，也不足以养活宗室人口！徐光启的分析成为我国历史上科学的人口学中珍贵的文献。

更有意味的是，徐光启还曾以西方科学中"蹠实返本"、"精实典要"的分擘解析之法为工具，着力批判明末思想界存在的玄虚学风。他曾对中国科学，首先是数学落后的原因加以总结，所得结论有些与上引李约瑟之论相似，即"算术之学特废于近世数百年间尔"，而荒废的原因则有两方面：其一是讲求性理之学的儒生鄙弃天下实事；其二则是妖妄之术谬言数有神理，"能知来藏往，靡所不效，卒于神者无一效，而实者无一存……术业政事，尽逊于古初远矣"①。前者虚，后者妄，其后果则是二而一的，即无效无实。求精责实的徐光启对这种学风深恶痛绝，并大力倡导实学，希望士大夫们能够借习西洋实学将这种玄虚学风扫除殆尽，绝去一切虚玄幻妄之说。他写道："下学工夫，有理有事。此书（指《几何原本》）为益，能令学理者祛其浮气，练其精心；学事者资其定法，发其巧思，故举世无一人不当学。"②就是说，《几

---

① 《徐光启集》上册，八〇页。
② 《徐光启集》上册，七六页。

何原本》对那些从事理论研究的人来说，有助于他们消除华而不实的浮气，锻炼他们的思辨能力，而对那些从事实际工作的人来说，则能帮助他们依靠科学原理，迈向理论的王国。所以，治学的人都应该学习《几何原本》。二十世纪的教育实践证明了徐光启之论实属远见卓识。

徐光启竭力倡导的"蹠实返本"之学汇入了明末的实学思潮中，而且由于他借重的是与传统中国科学迥异的西洋科学及其方法，他的实学思想便显得卓尔不群，富有特色。徐骥在《文定公行实》中概述乃父治学精神时，说徐光启"一事一物，必讲究精研，不穷其极不已"。这种精研穷极实际上就是"丝分缕解"、"分擘解析"的分析方法和精神。徐光启对这种几何精神曾做过热情洋溢的倡导和精心的运用，并认为几何精神的运用和功能是没有界限的，被几何精神武装起来的科学头脑"无一事不可精"，"无一事不可学"[①]。在论述启蒙哲学的特征时，哲学家卡西勒曾指出："十八世纪……认定，只要把'几何精神'理解为纯分析精神，它的用途就是绝对不受限制的，就可以把它运用于任何特殊的领

[①] 《徐光启集》上册，七六页。

四、儒生如是说

域。"① 徐光启倡导的科学方法和精神可以说明显地具有这种特征。当他坚持几何精神之功用的无限性,并将这种精神应用于对传统文化、思想的"分擘解析",应用于一切实用科学时,他所倡导的实学与明末其他思想家所倡导的实学相比,确实富有鲜明的个性,这便是其中具有科学色彩的启蒙意义:既有科学方法论上的启蒙意义,也有思想文化上的启蒙意义。虽然他的宗教归宿以及目前学术界可能存在的宗教与科学绝对对立的观念也许会使我们得出上述结论时犹豫不决。确实,徐光启接受的宗教信仰中包含有反理性的蒙昧主义观念,但它对徐光启的影响是有限的。传教士庞迪我曾撰写刻印过关于提高宗教修养的著作《七克》,首条即是克傲,其实质是将人类的理性力量和求知欲以一种神学独断论斥为人类的骄傲,斥为人类堕落的原因。徐光启并未完全接受这种宗教蒙昧主义。在受到西方科学的刺激和影响后,他以一种既不同于上述宗教观念,也不同于中国传统哲学中的知识论的观点,强调和倡导对自然、人事进行定量的、分析的研究,认为"一物不知,即儒者之耻"。他在各个科学领域里的活动和成就及在思想方法领域里锻造和奉献的一些卓越思想,都表明他

---

① 恩斯特·卡西尔:《启蒙哲学》,山东人民出版社,一九八八年,一四页。

是一位高扬人类理性的先进之士。可以说，徐光启的工作及其影响为三个世纪后的龙的传人们的思想文化步入世界潮流搭建了一座必经的逻辑桥梁。

（五）"会通以求超胜"

比较全面和客观的研究者都会承认如下的事实：徐光启既以不疑的态度接受了传教士们输入的西方宗教，又通过与利玛窦等人的通力合作热情地吸收和传播、运用西洋科学，如果我们因此便认为徐光启是最早的激进的全盘西化论者，那也将是一种危险的仓促之论。这里有必要考察一下徐光启输入西学的做法和抱负或理想。

徐光启在宗教方面虽然成为一名虔诚的天主教徒，但他并非只是为了解决个体的终极关切，只是为了得到身灵的救赎，更不只是为了通过与传教士的接触得到一己之私利，他的目的是试图借助他认为切实可行的天主教道德规范体系，"补益王化，左右儒术，救正佛法"，以期达到儒家理想中的三代之治。他对传统儒家文化的缺陷有冷静的思索和分析，并希望通过引进"天学"弥补这种缺陷。他曾向万历皇帝建议，"若以奉佛老者奉上主，以容纳僧道者容纳诸陪臣，则兴化

四、儒生如是说

致理,必出唐虞三代上矣"①。在他心目中,这种理想的三代之治是一幅国泰民安的田园诗式的画面:"法立而必行,令出而不犯,中外皆勿欺之臣,比屋成可封之俗,圣躬延无疆之遐福,国祚永万世之太平矣。"②修身齐家治国平天下这一为千百年来士大夫们崇奉的理想同样在徐光启的心灵中闪耀着诱人的光辉。只是作为一名能开眼看世界的士大夫,他倡导了一种迥异的方法,即借"天学"补益儒学。这种借耶补儒的方法及其最终目的传统性格,均表明徐光启仍是在儒学的框架内接受、容纳"天学",而决不是完全抛弃了作为他赖以理解、接受"天学"的前提的儒学。理解和创造的历史性决定了他不是一位数典忘祖的全盘西化论者。

在科学方面,徐光启虽以热忱的态度接受了西洋科学中的"分擘解析"的几何精神,而且有时由于对这种分析方法着迷到了几近迷信、盲从的地步,认为中国科学中"大率与西术合者,靡弗与理合也;与西术谬者,靡弗与理谬也"③,将是否与西方科学相符合视为真理之标准,但在其一生的科学实践中,徐光启也有独立思考的创造精神。其子徐骥在《文

---

① 《徐光启集》下册,四三三页。
② 《徐光启集》下册,四三三、四三四页。
③ 《徐光启集》下册,八一页。

定公行实》中称徐光启"于物无所好,惟好经济,考古证今,广咨博讯,遇一人辄问,至一地辄问,问则随闻随笔",他曾亲自在天津屯田,试验种植或移植推广多种农作物,《农政全书》正是在这种博闻和亲身实践的基础上撰就的。在修改历法的工作中,他虽然非常重视西方数学、天文学基础理论的引进和介绍,他同时也强调观测的重要性。他实际上开启了一代新型科学的先河,他在中国科学技术史上的地位和影响在某种程度上类似于培根在西方思想史、科学史上的地位和影响。虽然他并不是人类科学史上的培根式的人物,但他对中国科技史的意义实在是太重大了,其价值不可低估。确实,徐光启等人的工作对以后的研究方法、学界空气都产生过一定的影响,明清之际有很多思想家重视对天文历算等实用科学的研究,或在科学成果的基础上建构自己的思想体系,他们大概都受惠于徐光启等人造就的一种学术氛围。思想家梁启超认为:"后此清朝一代学者,对于历算学都有兴趣,而且喜谈经世致用之学,大概受利(玛窦)徐(光启)诸人影响不小。"[①]这是很公允精当的论断。

在科学研究中,徐光启虽然曾经对西洋科学有过盲从,

[①] 梁启超:《中国近三百年学术史》,中国书店,一九八五年,九页。

四、儒生如是说

认为中国"虽失《十经》，如弃敝履矣！"[①]即认为中国古代数学典籍《十部算经》的失传，有如失去破草鞋一样不足为惜，但他并不是一位完全数典忘祖的"逆子"，相反，他曾倡导在翻译、介绍西洋科学的基础上，进行会通中西的工作。例如，他认为《周髀九章》中也有勾股测量之法，但他认为自古迄今，没有人能够明确阐述此二法的原理或所以然之理。因此，他针对传统中国数学中有法而不能言其立法之意的特点，在《勾股义》一书中力图会通中法与西理。又如，他认识到中国古代数学或象数之学很重视数量关系，但对事物的空间形式及其关系则不够注意。因此，他倡导以图像思维弥补中国科学之不足。因为他认为"道有理数所不能秘者，非言弗直，有语言所不能详者，非图弗显"。这些工作虽然都带有补偏救弊的性质，但无疑也都是基于对中西科学的深刻了解所做的会通工作。

更为可贵的是，在共同的科学研究和实践中，徐光启和李之藻等人相互切磋，非常敏锐地引进一种与西方竞争的观念。这种竞争观念在当时是非常难得的，因为当时及以后两个世纪中，华夏中心主义非常盛行。中国人普遍认为华夏文

[①] 《徐光启集》下册，八一页。

明就是世界文明，中国即天下。在这种思想牢笼中，决难产生与异域文明竞争的观念，所谓竞争必须承认异质文明的存在及其在某些方面有自己本土文明尚未达到的成就。因此，西方学者勒文森曾断言："名副其实的旧式中国文化主义者是没有竞争观念的"，因为"竞争观念是国家主义的本质"[①]，而徐光启生活的时代，近代式的国家观念还是非常陌生的。可贵的是徐光启、李之藻等人突破了华夏文化中心主义的禁锢。李之藻曾倡导"并蓄兼收"，"藉异己之物，以激发本来之真性"，并在借鉴西方学术成果的基础上达到"终实相生"的文化上的创造性结果[②]，他还在天启元年（一六二一）十月，向皇帝进献"以夷攻夷"之策。徐光启更抱有会通中西以求超胜西方的高远之志。他曾经写道："臣等愚心，以为欲求超胜，必须会通"[③]，"必若博求道艺之士，虚心扬榷，令彼（指西方）三千年增修渐进之业，我岁间拱受其成。"就是说，必须虚心向西方有识之士学习，将西方人三千年间积累的文明业绩悉数吸收，在会通中西科学、文化成就的基础上，全

---

① 约瑟夫·阿勒文森：《梁启超与中国近代思想》，四川人民出版社，一九八六年版，一四八页。
② 《天主教东传文献》，四七三页。
③ 《徐光启集》，三七四页。

面超过西方！这种博采众长、以会通求超胜的宏大理想若能在一种持续的和平、开放的交流中得到自觉的实现，中国近代史的命运也许不至于那样悲苦艰难。然而历史不容假设，徐光启与李之藻等人在实践中锻造的与西方竞争的先进观念和具体策略在当时并未引起特别强烈的反响，这便注定了这些新进之士在中国历史上的悲剧性。只有当后来"存亡续绝"成为当务之急时，这种观念才在近代爱国主义的救亡运动中以各种震撼人心的方式表现出它的强大生命力。

竞争观念在当时的深刻性表明徐光启是一位敏锐的先觉之士。他是一位能超越自己、善于而且敏于应付时局的科学家、思想家。现代无神论者尽可以拒斥、批判他的宗教信仰，但却不能不珍视并研究他对待外来思想、科学的思想方法、博大胸襟和所作出的具体贡献。事实上，这位伟人的一些贡献、思想观念已经在近百年的中国史上闪耀着炫目的光芒。

五、荒原疾行

（一）魂萦梦牵的科学蓝图

由于长期以来儒生们土苴实事，袖手空谈心性，也由于在大统一的封建社会中缺乏科学技术转换为直接生产力的机制，科学便失去了获得长足进步的动力，更失去了热情关注的目光和研究者。徐光启登上科学舞台之前，明代的科学园地已沦落为一片冷落的贫瘠之地。即使在他与利玛窦等传教士有了密切接触和合作，并获得了他梦寐以求的相当数量的西方科学技术成果之后，虽然他奔走呼号，倡导人人精心研究、学习西洋科学，并在合作中获得一些科技上的收益，但科学利国利民的新型价值观念并未广泛地深入人心。这是因为当时的中国还不具备凸显科学在社会发展中的重大作用的历史条件。人们尤其是那些在国家社会生活占主导地位的士大夫

五、荒原疾行

阶层愈是将身心的愉悦和民众的福祉寄托于道德精神的塑造，愈是将所谓国家万年大计维系在对圣人教化的传承因袭上，便愈要走向玄虚空幻的精神歧途，愈要减少对自然的开发、利用及为达到这一目的而展开的对自然的研究。这一点在明末那些反教排外的士大夫那里表现得尤为明显。

在与传教士的密切接触中，在明末深入的军事实践中，徐光启切实地体会到科学技术在人类社会生活中的重要意义，也敏锐地体验到了中国科技的落后。

敏锐的竞争观念使徐光启和他的挚友李之藻意识到：必须迎头赶上西方，必须唤醒那些在价值理性和华夏中心主义中陶醉沉睡的同胞——甚至包括皇帝本人。这就必须使他们能切实地感受到科学技术在社会生活中的功用和价值。然而，凭徐、李这么几位在荒原上疾行的先行者，决不可能在短时间内感性地展示科技的重大功用，并以此引起学者的重视。于是，在共同的科学研究中，他们描绘了一幅未来科学事业发展的蓝图。

万历丁未年（一六〇七），在《译〈几何原本〉引》中，徐光启就曾提出几何在十种具体实践中的功用。壬子年（一六一二），在《致老亲家书》中，他充满信心地预言：他所从事的历算之学，"渐次推广，更有百千有用之学出焉"。

次年，李之藻开始较系统地总结西方与中国科学中的天文、历算之学的优劣之别，并在《请译西洋历法等书疏》中概述了西学"言天文历数"而"我国昔贤未及者"十四事，这显然是对徐光启所作倡导的响应。崇祯二年（一六二九），徐光启在《条议历法修正岁差疏》中系统地提出"度数旁通十事"。由于徐光启认为事物之间的关系都可以通过空间形式和数量关系表现出来，因此，他认为精通了度数之学，便可以无用不通，数学是一切科学技术的基础，是一种效用极大的工具，"算术者，工人斧斤寻尺，历律两家旁及万事者，其所造宫室器用也"①。也就是说，在徐光启看来，将作为工具和基础的数学应用于一切有形有质的客观事物，便可以收到解决实际问题的效用，精通度数，便可以旁通以下十事。

（1）天文、气象。明于度数，可以使历法精确无差，还可以通过对日月五星运行的计算和把握，略约预知一切晴雨水旱，"修救修备，于民生财计大有利益"。

（2）水利、测量。可以据度数之学"测量水地，一切疏浚河渠，筑治河堤，灌溉田亩，动无失策"。

（3）音乐。"度数与音律相通，明于度数即能考正音律，

---

① 《徐光启集》上册，八一页。

制造器具，于修定雅乐可以相资。"

（4）军事。度数之学可用于"兵家营阵器械及筑治城台池隍等"，大有利于保卫边疆。

（5）财经会计。精通数学，可以使九章诸术都获得"简当捷要之法"，从而使"理财之臣""习业甚易"，提高财会工作的效率。

（6）建筑。明于度数，可在营建屋宇桥梁等方面"力省功倍"，并使之坚固耐久，"千万年不圮不坏"。

（7）机械制造。精通度数之学，可以"造作机器，力小任重"，如可据以制风车水轮，并使工艺简便，"以前民用，以利民生"。

（8）地理测绘。根据度数之学，可以"测量""天下舆地"，而且可以做到"道里尺寸，悉无谬误"。

（9）医药。可在精通度数之学的基础上，通过对天文学的了解，判明人体与日月星辰的"乖和顺逆"，并据此使"药石针砭，不致差误"。

（10）计时与钟表制造。根据数学原理，可以"造作钟漏，以知时刻分秒"。

徐光启坚信，以上度数旁通十事"于民事似为关切"。正是出于对国事民瘼的强烈关注，徐光启义无反顾地献身于对作为"众用所基"的度数之学的全身心的介绍、研究和中西会通工作。同时，他也认识到，他提出的度数旁通十事是一项庞大的科学工程，绝非他一人所能完成，而必须"接续讲求"，需要"同事多人"共同工作①。因此，他才上疏向皇帝吁请，希望能得到最高统治者的首肯，并得到必要的人力物力上的支持。如果徐光启、李之藻二人的倡导能付诸实施，组织人力对这些实用科学进行协作性的研究，并推广研究成果，那么，最早的科学院将会首先在中国诞生，而不是在西方。后世的中国人也将会从中受益无穷。但正如中世纪的西方神权统治需要愚昧予以维系一样，当时的中国封建专制统治在本质上也是排斥这种系统的开放性的科学研究的，目光短浅的最高统治者也无暇顾及徐光启的吁请。正如徐骥在《文定公行实》中悲叹的一样，徐光启的"富国之略"最终只能是"不见之施设，仅见于纸墨流传"。这不只是难以施展抱负的徐光启个人的悲剧，也是整个民族的不幸，是民族文化的不幸。

这种不幸的悲剧性还表现在：当徐光启在那里疾呼进行切实的科学研究时，连他自己也没有意识到，虽然他引进的西方科学是中国文化急需补充的新鲜血液，但这种突破了本

---

① 《徐光启集》下册，三三七、三三八页。

民族科学传统的科学不过是西方科学家正在突破的西方科学传统。随着新兴生产力的崛起，西方正在向近代文明迈进。换言之，即便徐光启的目的能完全达到，中国的科学事业仍将落后于西方。这不是他的过错，而是文明交流的水平限制的结果。长期以来处于相对封闭状态的中国注定要由历史选择一批传教士而不是先进的西方科学家以狂热的传教热情来让中国人分享西方的科学成果——不是最新的西方科学成果。这是时代的悲剧，也是我们这个民族应该从中吸取深刻教训的、咎由自取的悲剧。但可以预计的是，如果历史条件允许徐光启的科学蓝图完全付诸实施，如果开放的文化交流没有中断，中国迈向近代社会的历程决不至于那样艰难。

（二）强国梦的幻灭——练兵与救亡

当徐光启为他的强国梦大声疾呼却"仅见于纸墨流传"时，北方的蛮族却正在磨刀霍霍，为实现他们入主中原的美梦大举兴兵。历史上曾经有过北方强大的野蛮征服中原羸弱的文明的事例，明帝国的国势之衰弱在徐光启看来已经是"十倍宋季"了。万历皇帝对朝政的荒怠，随之而来的持续的党争之祸，还有政府对百姓的横征暴敛不断激起的民变，以及酝酿中的大规模农民起义，都预示着大厦将倾矣，"天崩地解"

的时代正在迫近。徐光启虽然对国力已丧失信心，而且因为自己有关富国强兵的"迂狂之言"未能"早得见用"而悲愤感叹，但作为从平民上升到统治集团中之一员的知识分子，作为一名伟大的爱国主义者，他不能不投入民族救亡的战斗之中。他知道，尽管独木难支将倾之大厦，但民族和时代都需要他这样的战士。

万历四十六年（一六一八），由努尔哈赤统一女真族各部而建立的后金政权发兵大举南侵，攻克东北的抚顺、清河，继而将广宁的一万多明军打得落花流水，消息传至京城，一时间"中外张皇"，"廷议纷纷"。正在天津养病屯田的徐光启因"夙知兵略"被推荐起用，万历皇帝宣旨召他入京受命。徐光启虽病魔缠身，仍"竭蹶入都"复职。次年，经略辽东的杨镐兵分四路向后金兵发起进攻，不料四十万大军惨遭溃败。明朝的野战军主力因此受到致命打击。消息传来，京师大震。徐光启早料到杨镐的战略错误必然导致惨败，这时他再也不能保持沉默了。从三月到六月，他接连三次上疏，痛切陈词，希望自己的正兵强国之术能得到实施。

在三月二十日所上的《敷陈末议以殄凶酋疏》中，徐光启指出："兵家简切肯綮之论，无如管仲之言八无敌，晁错之言四予敌也。"管仲的"八无敌"是指在财、工、制器、

五、荒原疾行

选士、政教、服习、遍知天下、明于机数八方面做到"无敌"，晁错的"四予敌"则指"器械不利，以其卒予敌也；卒不可用，以其将予敌也；将不知兵，以其主予敌也；君不择将，以其国予敌也"。他认为杨镐的战略正犯了"四予敌"的错误。他主张必须用管、晁之言，"一一细讲而力行之"，才能扭转战局。他着重强调，"用兵之要，全在选练"，"选须实选，练须实练"。

六月二十八日，徐光启上《辽左阽危已甚疏》，较系统成熟地提出他的"正兵"之术。其中包括：①亟求真才以备急用；②亟造实用器械以备中外战守；③亟行选练精兵以保全胜；④亟造都城万年台以为永无虞之计；⑤亟遣使臣监护朝鲜以联外势。徐光启进呈的这五条建议是从选才、造械、练兵、筑台和联外五个方面构想的全面阻止、战胜金兵的强国之术，他对选练精兵良将和制造热武器尤其重视。为了选拔英雄俊杰之类的军事人才，他提出了切实可行的人才保举法，即命令在京官吏荐举他们知道的各种有用之才，任人唯贤，尽量搜罗一切有一技之长的军事人才参加救亡战斗。同时，选拔精兵，进行严格训练，并用当时较先进的西洋火器装备兵士，使之能攻无不克，战无不胜。

徐光启的建议并未立即被万历皇帝采纳。后来一些大臣认为自兵战以来,只有徐光启的论兵之言属"确当之论",并奏请朝廷命光启出山主持练兵事宜。由于兵临城下国势危极,万历皇帝才于四十七年(一六一九)八月下旨:"徐光启晓畅兵事,就着训练新兵,防御都城。"[①]徐光启才得以将他的满腔爱国热忱抛洒在练兵场上。然而,当他走马上任以詹事府少詹事兼河南道监察御史的新职着手练兵时,他方发现自己不过是有职无权的一堆热情。他的练兵计划从一开始就受到毫无效率的官僚体制的左掣右肘,他要兵无兵,要饷无饷,要械无械,兵士在寒风朔雪中连温饱问题也难以解决。这种状况使他陷入"瞻前顾后,展转回惶"的境地。万般无奈的徐光启只好上疏祈求罢斥。这不过是要求得到更多支持的一种策略。

直到泰昌元年(一六二〇)四月,徐光启才领到一些饷械,亲赴通州、昌平,开始他的选练新兵的工作。在通州,他从七千多名新兵中选出四千多能满足他的精兵标准的兵士,又赴昌平,亲自检验五六千新兵,"逐一辨析,逐一劝勉,自朝至暮,手口并作"。过度的劳累使这位满腔热血的爱国志士"前疾复发,头目昏眩,一指麻木,渐次蔓延,左畔二

---

① 《徐光启集》上册,一一七页。

肢，殆成偏废"①。这次他真的只能"乞休"了。天启元年（一六二一）三月三日，他受命"回原籍调理"。到了五月，颇孚众望而且深知兵略的徐光启又奉旨回京，因为金兵在五月又攻占了辽阳，危急的局势使人又想到了他。徐光启回京后，将当年接连进呈之疏重新钞呈，并提出铸造西洋大炮和建筑台铳的计划，希望自己的建议能被采用，但对他的根本性的练兵计划仍无人理睬，他只好怀着幻灭的练兵梦再次退回天津屯田。在此之前，唯一令他满意的成就是完成一项重大部署。还在他练兵于通州、昌平时，他曾致书好友李之藻、杨廷筠（皆天主教徒，被称为明末教中"三大柱石"），请他们设法赴澳门购买西洋大铳。张焘受李、杨之命采购了四门西洋大铳，运到江西广信后出于对形势的考虑被迫停搁下来。徐光启五月回京后，这四门大铳被运到北京。九年之后，即崇祯二年（一六二九）十二月，金兵长驱直入，攻到北京德胜门。正忙于修历工作的徐光启提出了守城的建议，他的建议被采纳后，参加了保卫京师的战斗。他提出了一系列建议，着重强调配备武器和选练兵士。由于火器在当时守卫京师时作用巨大，使金兵"去京师而不攻，环视涿洲而不攻"，产

---

① 《徐光启集》上册，一六三页。

生了畏铳的情绪，徐光启更倚重从西洋输入的火器。他建议组建车营，组成一支用各类大小鸟铳配备的三五千人的部队，并主张将习铳的兵士扩大到三万人，他认为这是"甚近甚易"的破虏之策。

在宁远战役中，火器曾使明军首获大捷。徐光启这时便提出多造火器的建议，且得到崇祯皇帝的支持。徐光启在北京建立兵工厂，搜罗传教士中精于制器者参与造器。崇祯四年（一六三一），徐光启再次上疏，主张组练以西洋炮为主要装备的新军。他计划组建十五营这样的新军。以四千人为一营，每营配备双轮车一百二十辆，炮车一百二十辆，粮车六十辆，西洋火炮十六位，中炮十位，鹰铳一百门，鸟铳一千二百门。他深信，只要组成四五营，便可聚可散，使关门无忧，成十营，则可不忧关外，十五营俱就，就可不忧进取了。这套以火器和精兵为核心的建军计划若能得到彻底实施，将会使中国军队可以与当时西方军队匹敌，更可收到使"国家万世金汤之险，不止一时御寇之利，即奴贼闻之，决不敢肆行深入"[1]的效果。但明末的国力只能使他的这套计划"仅见于纸墨流传"。更为不幸的是，他物色的兵源遭受了灭顶

---

[1] 《徐光启集》上册，一七六页。

之灾。他本想召孙元化于登州，令其统兵来京，先成一营。因为孙的军队较能体现他的理想，是一支用西洋火器——先进的军事技术武装起来的部队。但孔有德的吴桥兵变使孙元化成为叛军俘虏，后被朝廷处死，孔氏降金后，火器尽为金兵所有。这对徐光启的强国梦是一致命的打击。从此，他对兵事噤若寒蝉。不久，他便怀着幻灭的强国梦离开了人世。

徐光启死后十一年，李自成攻入北京，崇祯皇帝自缢于煤山。不久，清兵入关，与吴三桂合兵进攻北京。明帝国寿终正寝。金兵入主中原的美梦得以实现，徐光启的强国梦却被击得粉碎。直到几个世纪后，当龙的传人实现了这一梦想时，才一再追述他当时的功绩和伟大抱负。

（三）永恒的回响——呼唤开放

当西方正在向近代文明迈进时，新兴的科学技术和生产力以及借此展开的野蛮的拓殖浪潮正在蛮性地冲决民族的、文化的藩篱，隔绝已经越来越成为不可能之事，而这时中国却仍然沉睡在中央帝国的美梦之中。不用说主动出击以开展文化交流，从其他民族文化中吸取为我所用的优秀成果，就连被动的吸引也因为正统士大夫们无限夸大几个传教士对"圣学道脉"和中国社会稳定的威胁而变得愈加困难。只有少数几位先觉之士如徐光启、李之藻、王徵等人在与西人西学的交流中，由于科学研究上的重大收获，才隐约地感受到了时代剧烈跳动的脉搏。而其中徐光启似乎最清楚地意识到闭关自守危害极大，因此，他便最急切地发人之未发，振臂呼唤国家和文化的开放。

早在翰林院任职时，徐光启就曾撰写过《海防迂说》，后来他将此文进行修改，补入一些资料，该文被收入《明经世文编》。在该文中，徐光启深入地分析了倭患形成的原因，并提出过大胆而又明智的对策。明朝中叶以后，东南沿海的手工业和商品经济发展迅速，徐光启以其敏锐的经济眼光认识到这一规律的必然性："有无相易，邦国之常。"中日两国一衣带水，日本有很多货物都需要从中国进口，两国间的自由贸易因此难以禁绝，"盖彼中所用货物有必资于我者，势不能绝也"。但有明一代在绝大部分时间里都实行严厉的海禁政策，对日本尤其严峻。中国商人因此不敢通倭。后来西洋人从闽浙一带将湖丝等物贩至吕宋，日本一些商人必须绕道吕宋方能得到价格昂贵的少量中国货物，这样的情况使日本商人"未能一日悉忘我贡市也"。既然正常的渠道被阻隔，一些日本商人便铤而走险，"商转而为盗，盗而后得为商也"。他们与一些中国人勾结，以暴力手段牟取暴利，这样便形成

五、荒原疾行

使沿海百姓饱受其苦的倭患。

既然"官市不开，私市不止"是自然之势，绝市则又生倭患，不利国泰民安，那就只能有一条出路："必明与之市"，就是说，要适当开放中国市场，与日本展开公开的正式的通商贸易。这样可收到经济上互惠的效果："通货既久，我之丝帛诸物，愈有所泄"，"往者既众，彼中之价亦平"。也就是说，通过中日间的自由贸易，可使我国生产的货物有销售市场，利于国计民生，而日本方面则可在直接贸易中使进口的中国货物价格降低。当然，"贡市往来"，可能会导倭入寇，徐光启认为对此也可采取区别对待的对策，即"来市则予之，来寇则歼之，两不相妨也"，而且从根本上来说，开放的自由贸易可以防止、消除倭患："惟市而后可以靖倭，惟市而后可以知倭，惟市而后可以制倭，惟市而后可以谋倭。"①

徐光启关于开放市场进行正式贸易以止倭患的建议实际上已接近于近代的自由贸易观念。如果明帝国完全采纳他的建议，既建立一支用先进武器装备起来的军队，又致力于发展生产，并对外开放市场，进行自由贸易，中国就不会有后

---

① 以上皆见《海防迂说》，《徐光启集》上册，三七—四九页。

来饱受屈辱的百年近代史。然而，中央帝国早已失去了昔日泱泱大国的雄姿和气度，它的心态已变得既妄自尊大、又盲目排外了。徐光启的呼唤不过是过耳之风，无人理睬。

在与传教士的接触中，徐光启不仅了解到西方科学、军事技术较中国先进，更培养了一种开放的文化心态。因此当士大夫们发起南京教案，掀起禁教排外浪潮时，一向在政治中委曲求全的徐光启毅然上疏为西人西学辩护。徐光启并非不知道南中国海已有西方殖民者对其虎视眈眈，他也主张对他们像对"来寇"者一样坚决打击，但他认为对传教士及其"天学"则要区别对待。鉴于有人怀疑传教士所传"天学"有伤圣学道脉，徐光启提出三种试验方法：①组织传教士翻译其经书及历算等实用科学书籍，如果其学"叛常拂经"，属"邪术左道，即行斥逐"，徐光启本人也甘愿受"扶同欺罔之罪"；②僧道之流都起而攻"天学"，对此也可以组织他们与传教士辩驳，由儒学之臣主持辩论，如果西人"言无可采，理屈辞穷，即行斥逐"；③令传教士将其"教中大意、诫劝规条与其事迹功效，略述一书，并已经翻译书籍三十余卷……一并进呈御览，如其踏驳悖理，不足劝善戒恶，易俗移风，即行斥逐"。针对人们对传教士的猜疑，徐光启还提出三种处置方法（略）。最后，他辩护道：他也曾像其他人一样怀疑

五、荒原疾行

传教士来华有渗透侵略的意图,但"伺察数岁,臣实有心窥其情实,后来洞悉底里,乃始深信不疑"。如果不是因为他们是"圣贤流辈",其学能"大有裨益",那么,朝廷要留他们或驱除他们,与他毫不相干,何必冒欺君之罪为他们游说辩护。[①]徐光启大发愤激之辞,其目的都在于为开放辩护,为民族在开放中的进步辩护。

在文化上,徐光启更是主张开放的交流,他曾在《刻同文算指序》中明确反对科学研究中的"闭关之术",认为自悟自是的闭关自守,只会导致谬妄和落后。

徐光启对开放的呼唤在今天仍有振聋发聩的作用。所幸的是,他的声音并未成为千古绝响,而在今天的现实生活中得到了有力的回应。但他的呼唤在旧中国产生的反响却是令人失望的,因而也令人深思。

对文明的比较研究以及文化交流史的研究表明,当两种文明接触伊始时,如果表现为外在物质形态或力量的文化之强弱难分轩轾,要想在潜存于深处的思想、精神之间产生竞争观念是较困难的。明末只有少数士大夫如徐光启、李之藻等人在实践中,尤其是在挽救明末危局的科学、政治、军事

[①] 以上皆见《辨学章疏》,《徐光启集》下册,四三三—四三六页。

实践中，通过对中西科学、思想的深入比较、研究和思考，才敏锐地产生了一种旨在富国强兵、推行良好的道德政治的竞争观念和较健康的开放心态。但这种观念和心态并不具备当时士大夫崇奉的正统儒学在道德、政治生活中所具备的那种强大的示范力量。相反，它只限于少数先觉之士中。使这种竞争观念深入人心的途径或许只能是保持灵活而又有一定指导的开放性。但这种开放又必然会或多或少地冲击当时的社会结构、思想、道德规范乃至礼仪、习俗的现状。明末反教排外的士大夫们因此实质上担负起了以其示范力量调节、保持社会在各方面的稳定性这一任务，他们的作用是守成。而那些在实践中产生了竞争观念的士大夫，如徐光启，则担负起了更积极的综合、创造和发展的职能。在较为纯粹的文化理论意义上讲，这二者的职能本应相辅相成，既然人们存在的历史性决定了对外来思想、文化的理解、接受以及综合创造不可能在完全超越传统的前提下进行并完成，而发展在隔绝已成为不可能的情势下，不可能在完全不变的传统中开出自己的道路，那么，合理的路径只能是在传统与由自身内部产生的新异思想或外来文化之间进行对话，并由此产生基于比较所作的选择性吸收、综合和创造。但历史却在随后的一个重要阶段选择了守成派的思想。这种选择无疑在某些方面保证了清代"天朝帝国"的稳定性,也避免了"多事"(康熙皇帝语)的传教士给统治者个人及中国传统的社会结构、道德规范乃至礼仪习俗带来的烦扰和威胁。但保持这种稳定性的代价却是封闭自己,以致当西方列强以鸦片进一步麻醉清代天朝帝国的迷梦,同时又以大炮轰炸这种封闭的稳定时,马克思虽然对备受其苦的中国人民深表同情,却也不得不暂时隐忍他的道德激情,作出一种冷峻的历史主义的理论总结:"与外界完全隔绝曾经是保存旧中国的首要条件,而当这种隔绝状态在英国的努力下被暴力打破的时候,接踵而来的必然是解体过程,正如小心保存在密闭棺木里的木乃伊一接触新鲜空气必然要解体一样。"[1]换言之,与域外完全隔绝也是旧中国灭亡的原因。

如果说上述历史主义的分析是探讨中国近代史变故之因的较有说服力的结论,那么,我们可以认为,与清代天朝帝国的隔绝状态被暴力打破相比,明末清初与欧洲建立的联系就较为可取了。诚然,当时作为联系之桥梁的是一些以传播基督教为要务的传教士,他们之进入中国也是殖民者的武力尝试失败后的另一种形式的尝试,但他们在中国立住脚跟却

---

[1] 《马克思恩格斯选集》卷二,三页。

在事实上使用了一种和平的文化思想交流方式。为了巩固他们在中国的地位，传教士们在传播基督教的同时，向一些士大夫传授了一些世俗的文化思想以及西方的科学技术。以徐光启、李之藻等人为代表的士大夫之所以对传教士们输入的西学采取积极吸收、接受的态度，在于他们通过细心的比较研究和对西方社会的夸张性想象，在西学中找到了他们认为可以解决令其困惑而又急欲解决的一系列问题：政治道德的，个人救赎的，哲学思想上的，有关民众、社会福祉的，等等。他们无疑是把西学或天学视作一股清新的空气，以欢欣鼓舞的态度去吸收的。他们不完全具备现代学者将西方思想文化视作"他者"而予以客观研究的那种学术态度，他们更多的是试图将西学纳入自己的传统之中或以自己接受的传统顺应异质思想文化，以解决自己所面临的理论和实践的困局。这正如西方一些思想家常常是在他们对自己处于其中的思想、文化产生困惑时，对中国文化、思想倾注较多的热情，并试图从中找到出路或退路一样。纯学理的兴趣是不存在的，相反，其目的及动机都是实用的。因此，我们实在没有必要苛责徐光启等人为什么没有对他们所接受的西学——与儒学相附会的中世纪西方宗教思想和古典科学——进行客观的定性研究和评估，要求处于几乎与西方中世纪平行的封建社会中

五、荒原疾行

的徐光启等人超越历史进行这种研究是一种非历史主义的态度。因此,我们也许更应赞赏他们吸收西学的动机和目的,即"补益王化""会通以求超胜";这正如我们不能苛责十七、十八世纪的西方启蒙大师没能认清他们鼓吹、宣扬的中国思想是以宗法人伦为基础的封建文化思想,却从中吸收了他们赖以张大其启蒙旗帜的思想养料一样。实用的目的,不准确但却富有想象力和创造性的理解,甚至误解,往往可能导致对异质文化富有建设性的吸收,以及与本土文化的综合和在此基础上的创造;而对差异较为准确的辨析和理解,对本土文化之完满性的过分乐观的信念,却往往可能导致对有益于自身发展的域外文化的全面拒斥。反天学的士大夫对天主教与儒学的差异之认识和辨析未尝不准确,他们对天主教的批判未尝不具有一定的说服力,因而常使"西士语塞",但由于他们的宗旨与徐光启等人迥异其趣——只是为了捍卫圣学道统的纯洁性、完满性,他们也就失去了吸纳综合的热情,失去了"借异己之物以激发本来之真性"的机会。如果将这种对外来宗教的态度泛化为对全部外来文化的态度,那就只能导致马克思所说的与外界的隔绝。正是这种隔绝,而不是徐光启怀着实用目的对西学的吸收,可能最终导致反"天学"的士大夫们试图通过拒斥外来文化使之得以完满保存的本土文化的解体，包括社会结构的解体。虽然这种解体也许会导致新的组合，但其代价却可能是惨重的。也许和平而又有选择、制约的交流、对话所产生的综合、创造与组合更值得倡导。这便是徐光启当年的呼唤给我们留下的深刻启示。我们希望而且相信徐光启三百多年前的呼唤不会成为绝响，对他的回应将是永远的。

跋

本书介绍的是在中西文明交流史上两位起过重要作用的历史人物：利玛窦和徐光启。对利玛窦的研究，中国史书向来褒贬不一，本书力图将利玛窦等传教士置于明末的社会文化背景中予以考察和研究。对徐光启的研究，学术界较易于达到共识。本书着重研究利、徐二人的思想、观念，限于篇幅和能力，书中未能详尽介绍徐光启在农学、历法方面的贡献，读者可以从其他众多有关徐光启的论著中获取这方面的知识，这也是笔者略去这方面的介绍的原因。

对利、徐的研究涉及众多科学领域里的知识问题，作者虽在观点上力求客观公正，然学力有限，错误之处或许难免。敬请读者和专家们指正。

作者

出版后记

中华文明源远流长。在漫长的历史岁月中，我们中华民族创造了辉煌灿烂的文化成就，践行着自己朴素而真诚的人生和社会理想，追寻着具有鲜明特色的伦理价值和审美境界，展示出丰富、生动、深邃的思想智慧。在很长一段时间内，中国文化在世界文明体系中居于领先地位，其影响力和感染力无比强大，从而在铸就中华民族独特灵魂的同时，也为人类文明的发展和进步作出了重要的贡献。

明清之际，由于复杂的原因，中国社会没有能够有效地完成转型，逐步走向封闭和衰落。鸦片战争的失败，更使中国面临数千年未有之变局，使中华民族沦入生死存亡的艰难境地。为了救国于危难，当时的仁人志士自觉不自觉地把目光投向西方，投向西学，并由此对中国传统文化进行了激烈的批判。从洋务运动、戊戌变法，一直到五四新文化运动，

出版后记

在近代中国救亡图存的历史语境中，传统文化的观念和形态，常常被贴上落后、愚昧的标签，乃至被指斥为近代中国衰落和灾难的祸根，就连汉字和中医这样与国人生命息息相关的文化形态，也受到牵连和敌视，被列入需要废除的清单。对本民族文化的这种决绝态度，在世界各民族的历史上都是罕见的，它既反映了我们中华民族创新发展的非凡勇气，也从一个重要侧面，印证了中华传统文化的顽强和深厚。

今天，历史已经走进21世纪，我们中华民族经过不懈的努力和奋斗，迎来了快速发展的良好机遇，国家强盛、民族复兴的曙光就在前方。在这样的时候，在这样的历史背景下，重温我们民族的辉煌、艰难历史，重新认知我们民族的优秀文化和高贵传统，不仅是一种自然的趋势，也是一项庄严的历史使命。理由很简单，我们中华民族要在全球化的背景下真正实现伟大复兴，必须具有足够的凝聚力和创造力，必须具有强烈的自尊心和自信心，而这一切，离不开对本民族优秀文化基因的认同和感念，离不开对优秀传统的继承和弘扬。从这个意义上说，中国传统文化是不绝的源泉，是清新而流动的活水。我们组织出版《中国文化经纬》系列丛书，正是为了汲取丰富的精神滋养，激发我们前行的力量。

本书系计划出版100卷，由著名的中国文化书院组织编写,内容涵盖中国传统文化的各个方面和层级,涉及文学、历史、艺术、科学、民俗等多个领域,力求用通俗易懂的语言,用较少的篇幅,使广大读者对中国历史文化有较为全面的认识,对中国精神和中国风格有较为深切的感受。丛书的作者均为国内知名专家,有的是学界泰斗,在国内外享有盛誉,他们的思想视野、学术底蕴和大家手笔,保证了丛书的学术品质和精神品格。

这是一套规模宏大、富有特色的中国传统文化读本,这是专家为同胞讲述的本民族的系列文明故事,我们期待您的关注和阅读,也等待您的支持和批评。

中国书籍出版社

2015 年 9 月

中国文化经纬·第一辑

从黄帝到崇祯：二十四史 / 徐梓 著
华夏文明的起源 / 田昌五 著
孔子和他的弟子们 / 高专诚 著
老子与道家 / 许抗生 著
墨子与墨学 / 孙中原 著
四书五经 / 张积 著
宋明理学 / 尹协理 著
唐风宋韵：中国古代诗歌 / 李庆 武蓉 著
易学今昔 / 余敦康 著
中国神话传说 / 叶名 著

中国文化经纬·第二辑

敦煌的历史与文化 / 宁可 郝春文 著
伏尔泰与孔子 / 孟华 著
利玛窦与徐光启 / 孙尚扬 著
神秘文化的启示：纬书与汉代文化 / 李中华 著
中国古代婚俗文化 / 向仍旦 著
中国书法艺术 / 陈玉龙 著
中国四大古典悲剧 / 周先慎 著
中国图书 / 肖东发 著
中国文房四宝 / 孙敦秀 著
中印文化交流史 / 季羡林 著